这样走进常春藤

罗金洲◎著

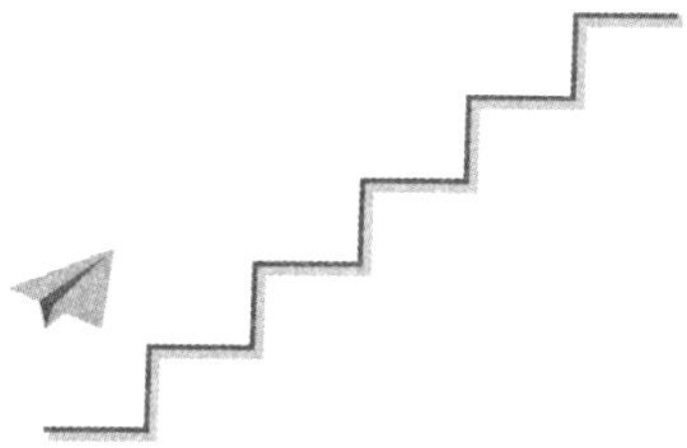

中国财经出版传媒集团
中国财政经济出版社

图书在版编目（CIP）数据

这样走进常春藤 / 罗金洲著. —北京：中国财政经济出版社，2019.1
ISBN 978-7-5095-8732-4

Ⅰ.①这…　Ⅱ.①罗…　Ⅲ.①访问记－作品集－中国－当代　Ⅳ.①I253

中国版本图书馆CIP数据核字（2018）第286622号

责任编辑：郁东敏　　　　　　　　责任印制：刘春年
责任校对：张　凡

中国财政经济出版社 出版

URL：http：//www.cfeph.cn

E-mail：cfeph @cfemg.cn

社址：北京市海淀区阜成路甲28号　邮政编码：100142

营销中心电话：010–88191537

中煤（北京）印务有限公司印刷　各地新华书店经销

787×1092毫米　16开　18印张　242 000字

2019年1月第1版　2019年1月北京第1次印刷

定价：78.00元

ISBN 978-7-5095-8732-4

（图书出现印装问题，本社负责调换）

本社质量投诉电话：010–88190744

打击盗版举报热线：010–88191661　QQ：2242791300

Preface / 越过“不可逾越”的障碍

罗金洲

“爬藤”之路

“常春藤”代表了世界领先的精英教育。在富裕起来的中国，越来越多的父母和孩子涌入“爬藤”浪潮。

什么样的学生能进入常春藤？

我们一直希望能找到一个程序，按照要求输入参数和变量，就能输出一个能进入常春藤的孩子。这样的程序是否存在？在哈佛担任了21年招生官的罗伯特·克拉格特（Robert Clagett）说：“……仿佛在告诉大家录取是有一定公式的，要去参加课外活动，要有些特别的技能，SAT要考多少……但这些都是胡说。”

在这本书中，我采访了16位成功进入常春藤和同水准名校的学生，尝试梳理他们年轻的人生轨迹，通过对话，探讨他们申请的策略、备考托福、

SAT的方法、写申请文书的技巧、面试技巧、在高中和大学的学习方法、时间管理、父母的家庭教育原则和对中国申请者的建议。受访者无私地分享了在这条充满挑战的申请之路上的成功经验、失败教训、他们对人生意义的思考、对中美教育差异的比较。更重要的是，从这些对话中，可以一览他们的价值观、方法论和思维方式。从他们身上，也许我们可以找到“爬藤”的途径。

在这些学生中，金婧秀获得了很多学生梦寐以求的“HYP”（Harvard、Yale和Princeton）同时录取；徐培文高中和大学都获得了全额奖学金；李昂四年拿到了三个本科学位；魏娜在中国读完了本科后，去哥伦比亚继续读了第二个本科；苏霄在中国读完大专后，再到美国读了社区学院，最后转学进入加州大学伯克利……

每一条道路虽都与众不同，但每一种人生都鼓舞人心。他们的成功也许不能复制，但一定可以借鉴。

反思家庭教育

在访谈中，我和每位学生都探讨了父母对他们的家庭教育的方式、方法。父母的眼界、思想、价值观、行为模式、教育方式会深远影响孩子的一生。父母的“身教”比“言传”对他们的影响更大。

在中国，有“富不过三代”的说法。美国的学校和家庭教育是否有方法解决这个问题？我和圣母大学（Notre Dame University）的一位美国学生Lily探讨时，她说：“我父亲出身不富裕，他通过非凡的努力取得了今天的成功。但他不会把财富分给我，而是把这种靠自我奋斗的精神传递给我。我已经三年没有买过新衣服了。我不喜欢那些名牌服装吗？我喜欢。但是我要用自己的能力挣钱去买。父母的财富是父母的；我的成功要靠我自己。现在我学习非常刻苦，然后才是玩得尽兴。”在美国，这种崇尚“凭借自我奋斗取得成功”的价值观，是否可以借鉴？

在这里，我想分享一位国内家长的教育方法。他的孩子爱读书，他对孩子的要求是：无论孩子要买多贵的书都可以，但每次只给他买一本，在这段时间孩子只能读这一本书。读完后，这位家长会在书中随机抽一些章节，问孩子一些问题，只有答案让他满意，他才会再给孩子买下一本书。这样，孩子会带着“会被考查”的心态读书，因而会读得更专注、深入。用这种方法，他的孩子读书的数量和质量都远高于同龄孩子的平均水平。

留学的价值

今天，中国正在经历晚清以来的第三次留学潮。

今天，中国已经成为全球第一大留学生输出国。当我们飞越重洋，降落在一个陌生的国家，生活在陌生的语言、文化、体制和社会习俗中，是否需要思考究竟为何而去？

留学是接受海外的教育。而教育的本质，梁启超说：“为什么进学校？为的是求学问……为什么求学问？为的是学做人。”与他时代相近的怀特海说：“当一个人把在学校学到的知识忘掉，剩下的就是教育。”所以，不禁要问，留学让我们获得了什么？

我认识的一位美国学生这样看待她在美国大学接受的教育：My college teaches me how to think, talk, write, and explore new fields professionally.（我的大学教会我如何思考、说话、写作以及探索不同的专业领域）。

但留学又超越了教育本身。留学一方面是为了学习知识，而更重要的价值在知识之外，是一段重塑自我的生命体验和经历，是在一个新的国家，吸收其法律、制度、规则、文化、价值观、思维方式、生活方式等，经历这一多重嫁接，成长为一个新的个体。

留学改变中国

中国从怀夷柔远、万邦来朝的梦中醒来，到拥抱现代化，才不过一百多年。内卷的儒家文化需要变革。从容闳、胡适、竺可桢、李四光到今天的饶毅、施一公、颜宁、李开复、许晨阳、恽之玮……留学生曾经推动了中国的变革，现在正在推动中国的变革。

留学生将我们的视线带到全球各地。2016年，美国司法部门对三名中国留学生在加州实施的校园欺凌行为的判决，在遥远的太平洋另一侧推动了思想浪潮，让成千上万的人反思国内的校园欺凌现象以及修改未成年人保护法和其他法律的可能性。

和一些媒体渲染的不同，绝大部分中国留学生勤奋、坚韧、上进、努力，熬过孤独、压力、悲伤、挫折和失败。他们创造的成果，也在造福世界。哈佛大学庄小威团队发明的STORM显微镜，促进了世界各国的生物学研究。MIT张锋团队开发的CRISPR-Cas9技术，第二天就可以在北京大学金光生命科学大楼投入实验。在我认识的朋友中，一位正在常春藤读书的学生，已经投资了国内的独角兽企业；一位从斯坦福归国的留学生，正在研究乳腺癌的早期诊断技术。每年十几万人留学归国，将逐步推动中国的经济和文化发展，影响人们的价值体系和生活方式。

文化即脐带，血脉即连接。

中国未来的大学教授、科学家、工程师、医生、商业领袖，一部分正在国内成长，一部分正在飞往美国、英国、加拿大、德国、法国……当他们回国后，会带来新的思想、观念、价值观、学术理论、实验技术、管理方法，为国家注入新的血液和活力。

我们当年为钱学森选择毅然回到贫穷落后的祖国有多感动，今天就为无数留学生选择回到日益富强的祖国有多自豪。

留学改变中国。

目录
CONTENTS

第一章

我的哈佛时光

——哈佛大学学生金婧秀访谈录

与哈佛大一学生金婧秀交谈是一段愉快的经历。金婧秀聪明、逻辑严密、思想深刻，与其谈话既可以学习新知，又可以启迪思维。

金婧秀于2014年秋季进入哈佛大学读考古专业。事实上，在那一年她同时获得了哈佛大学、耶鲁大学和普林斯顿大学的录取，即大家梦寐以求的HYP（Harvard, Yale, Princeton）。

她是如何度过她的高中时代的？如何在劣势中突出优势？如何写出独特的申请Essay？她的父母在家庭教育方面有哪些独到的地方？答案将在访谈中一一揭晓。

罗金洲：婧秀，谢谢抽时间接受我的采访。你的高中是在哪儿读的呢？

金婧秀：我是四年前来的美国，当时读的是洛杉矶的一所公立高中，不是特别好的那种。在美国，如果想考上哈佛这类藤校，一般都是去上私立高中或者那些很有名的公立高中。在加州，大家公认的好大学一般是加州大学伯克利分校或者是加州大学洛杉矶分校，所以我刚进入高中的时候非常想在这两所学校上学。

当时我对在美国高中如何申请大学完全没有概念。我问了一些前辈，他们说在这边不光要学习好，课外活动也要非常活跃和积极地参加。所以我去竞选了学生会干部，参加各种俱乐部，暑假和平时去附近的小学当义工。11年级结束的那个暑假我去普林斯顿大学参加了一个夏校。

慢慢地，我的这些经历就累积起来了。到了12年级上半学期开始申请大学的时候，我发现我的简历上有很多可圈可点的地方。于是，我把申请目标从最初的伯克利变成了哈佛、耶鲁这些学校。

我的经验是，可以提前着手，设计和打造自己的简历，让自己能达到目标大学的录取标准。

罗金洲：简要列举一下你的简历中那些可圈可点的地方吧？

金婧秀：我是学校两个社团的主席、学校学生会的副主席，还上过很多AP这类的课程等等。

AP（Advanced Placement）课程，中文一般翻译为“美国大学先修课程”。AP课程及考试始于1955年，由美国大学理事会（College Board）主办，在高中阶段开设的具有大学水平的课程，目前共有22个门类、37个学科。参加AP考试的高中学生可提前学习大学课程，通过考试后可在接受该AP课程的大学免修对应大学本科课程并获得学分。因此，AP课程及考试可以为高中生起到兑换大学学分、降低大学学习成本、缩短大学教育时间的目的。此外，AP考试成绩已经成为众多大学录取考虑的重要因素之一。目前，AP考试在全球80多个国家举行，已有40多个国家的近3 600所大学承认AP课程成绩为其入学参考标准，其中包括哈佛、耶鲁、牛津、剑桥等世界名牌大学。（参考维基百科）

AP课程英文介绍见：https://ap.collegeboard.org/。

全球接受AP课程的大学见：ttps://international.collegeboard.org/programs/ap-recognition/search-ap-policies-by-international-university。

罗金洲：所以你在申请之前几年，就已经对美国大学录取的规则和标准比较了解了，然后针对这些规则和标准来做自己在学术、非学术方面的准备，以终为始。

金婧秀：对，我知道做这些会增加我的竞争力。更准确地说，我所参加的活动中70%是我知道是大学看重的，但另外30%的活动我当时还不太确定将来对申请会有什么用。

罗金洲：能举一两个属于那30%的活动的例子吗？

金婧秀：毕竟不是什么活动都能让招生官眼前一亮，比如说去医院做义工，有超级多的高中生都会这么做，所以我当时不太确定。

罗金洲：你所在的高中在过去3年有被哈佛录取的先例吗？

金婧秀：20年来我是我们高中第一个。但是4年前我们学校有一个学生录取到麻省理工。

罗金洲：恭喜你刷新你们高中的记录，真的很不容易。是哪些因素让你在这样的环境下，取得这么好的录取结果呢？

金婧秀：第一个应该是，高中很多学生都不在乎“一定要上名校”，所以当我这么一个非常想上名校的学生出现时，所有老师和顾问的目光都集中在我这里。我们学校不是说没有资源，只是没有人利用而已。我经常主动去这些老师和顾问的办公室，问他们最近有什么活动我可以参加。当时很多学生不太在乎，但有一个像我这样想冲击名校并去发掘、利用这些资源的时候，一旦有什么新的、好的机会，老师都愿意优先考虑我。

对我来说，在一个不太好的高中读书反而变成了一个优势。我有很多朋友都在特别优秀的高中，那里竞争很激烈，一旦有什么机会都是一堆人去抢。但是在我们学校，没有太多人来抢，老师们都愿意给我机会。这样我的劣势也变成了优势。

罗金洲：还有哪些因素呢？

金婧秀：合理有效利用时间吧。时间是非常稀缺的资源。我喜欢有效利用时间。比如12年级学习、申请都是在关键时期，我又担任学生会副主席，所以我每天日程表上都排得满满的。我用这些时间去做各种课外活动、去补习、去了解大学申请标准等等。当时为了让自己的简历更好看，也做了一些我不是百分之百想做的事情。不过现在回头看，我非常喜欢当年这些全部经历。

罗金洲：是否有一些活动不管对申请大学有没有用你都依然会去做？

金婧秀：是的，我依然会参加我们高中的亚洲人俱乐部，依然会去附近小学做义工，依然会去参加夏校。

罗金洲：在学术方面你做了哪些准备呢？

金婧秀：我10年级考了两门AP：微积分AB和物理；11年级考了三门：化学、英语和美国历史；12年级考了四门：统计、文学等等。

罗金洲：不愧是学霸，所有这些AP成绩你都报上去了吗？

金婧秀：都报上去了。我室友在高中四年上了19门AP课，和她相比，我的真不算多。我们学校提供11门左右AP课，我上了9门。如果有不懂的地方我会去问老师，老师都会非常和善地帮助我。

我是高三开始准备SAT的，买了一些练习题回家做，背单词。11年级下学期末的时候我第一次考SAT，在那期间也考了ACT。

罗金洲：你后来是用SAT还是ACT来申请的呢？

金婧秀：我两个都报上去了。

罗金洲：你考了几门SAT Subject？

金婧秀：我考了数学（第二级）、化学、文学和日语。

罗金洲：能分享一下你备考SAT的过程吗？

金婧秀：在美国，对于那些想申请名校的学生来说，SAT也是大事。我也准备了很久。我们学校每周六都有一个短时间的SAT复习班，我都会去参加；在家我会做很多习题。美国有个网站collegeconfidential.com，是一个关于申请大学的论坛，我记得曾经有学生在里面发帖说：“我SAT考了2350分，要不要再考一次？”（大笑）

罗金洲：你如何看这个帖子？

金婧秀：我感觉他没有必要这么钻牛角尖。我个人觉得SAT上了2200分或2300分就OK了，并不是说我考了2350分但一定要刷到2390分或者2400分，这太钻牛角尖了。

罗金洲：你有哪些复习ACT的方法呢？

金婧秀：ACT分为四个部分。第一部分是语法，个人认为ACT的语法比较简单，但也要练习：做一些套题，把做错的记录下来，钻研它，然后再练。第二部分是数学，这个部分有60道题。数学部分很简单，我觉得大部分中国学生不太需要担心，但是也要做套题。第三部分是阅读，有四篇文章，一般来说要读得非常快，如果有一道题不会的话要先圈起来，不要在一道题上停留太久。**你要一直练习，熟能生巧嘛，没有别的技巧，就是要多练，提升自己的速度**。第四部分是科学，我觉得仔细读题、看图很重要，总体来说也是需要多练习。题海战术对这些考试真的非常管用。这也是为什么现在好多人都想倡议把SAT和ACT取消掉。

罗金洲：你当时选的几个推荐人都是你的高中老师吗？

金婧秀：**我找了高中的申请顾问和两位任课老师，这些老师都和我非常熟，非常了解我**。后来我又找了一个额外推荐人，他是我的Mentor（导师），不算有名，但非常了解我。我认识他是因为，当时我参加了一个校外项目，我作为高中生可以和一个已经工作的人结对，了解在一个行业工作是什么体验，他就是我在这个项目的导师。

罗金洲：你觉得专门找一个“牛人”写推荐信有用吗？

金婧秀：你可以找牛人写，但前提是那个牛人对你要很了解，可以深入写出你的事例和评价，比如你曾在那个牛人的研究所当过实习生之类。但牛人如果不了解你，这么做可能会Backfire（适得其反）。

罗金洲：你当时在选申请的大学时有哪些标准或者原则？

金婧秀：我是分三类挑的：第一类是录取率低于10%的大学，第二类是录取率在25%左右的大学，第三类是我知道自己几乎百分之百能申请成功的大学。因为那时我不想待在加州，我想去美国东海岸，所以我基本上挑的都是东海岸的大学。我还专门去东海岸参观过一些大学。

专业方面，我是主修考古，辅修经济。**基本上大部分常春藤的本科教育都是博雅教育（Liberal Arts Education），学生想改换专业比较方便。**另外，很多时候你毕业之后的工作并不是你专业对口的领域。比如我学了考古，但毕业后也可以去华尔街做金融。所以那时候我没有特别考虑哪个专业前景好啊之类的问题。

> 博雅教育（拉丁文：Artes Liberales，英文：Liberal Arts Education），又译为人文教育、通才教育、全人教育、通识教育、素质教育，指古代西方城市的自由人（有产者，即不需要出卖劳动力，仅凭产业就能生活的人）所应该学习的基本学科。
>
> 在古希腊时期，柏拉图就提出了“七艺”，也称为“自由七艺”（Septem Artes Liberales）。到欧洲中世纪初期成为学校中的七门课程：文法（包括拉丁文和文学）、修辞（包括散文与诗的写作，以及历史）、辩证（即形式逻辑）、算术、几何（包括地理）、天文、音乐。圣伊西多

尔将前三科定为初级学科，称为“三艺”（Trivium），后四科定为高级学科，称为“四术”（Quadrivium）。

在美国，四年制的大学非常重视博雅教育。所有本科课程均要求学生在前两年主要受博雅教育的训练，在本科第三年才转为修专业课程为主。美国也有只提供博雅教育的教学机构，被称为“文理学院”，本科学制通常为四年。（参考维基百科）

罗金洲：你当时选择考古专业的原因是？

金婧秀：我从小就对那些古老的文明感兴趣，像古代中国、古代埃及的文明。现在我上的是《古代中国考古》，还有一门《古埃及象形文字》，我都觉得非常有意思。我喜欢它，我就想学它。**我不是很担心我以后的工作问题，因为不论我学什么专业，哈佛的文凭和我在这里接受的博雅教育肯定能让我找到不错的工作。**

罗金洲：你觉得博雅教育的优点和缺点在哪里？

金婧秀：哈佛的博雅教育分为四大块：通识教育、外国语言、定量推理和说明性写作。在这四个领域中你必须一共上10～12门课程。**博雅教育确实会让你广泛涉猎各科知识，让你变成一个比较博学的人，教你怎么思考而不是教你具体职业技能。**

罗金洲：收到哈佛的offer后你做了些什么？

金婧秀：哈哈，哈佛是我申请的学校中最后一个给我通知的。那天常春藤联盟其他学校的录取通知都公布了。大概下午2：25左右，我先查了普林斯顿，发现我被录了，然后我又查了耶鲁，也被录了。

罗金洲：真厉害！

金婧秀：我当时在课堂上就“啊”地叫出声来，周围同学问我怎么了，我就说我被普林斯顿和耶鲁录了，他们都恭喜我。2:30下课的时候，手机振动，是哈佛来了一封电邮，我点开一看，第一个词就是“Congratulations”（祝贺你）！我欣喜若狂，跑到我申请顾问的办公室，对他说：“老师老师，我同时被哈佛、耶鲁、普林斯顿录取了！”我的顾问看上去比我还开心，他又高兴地拉着我去见我们高中校长。

罗金洲：你的父母是什么反应呢？

金婧秀：我当时给我妈打电话，她当场就哭了，喜极而泣。

罗金洲：这喜悦来之不易。回顾你的整个申请过程，你遇到的最大挑战是什么？

金婧秀：整个12年级上学期我都忙得团团转，因为既要保持好GPA，又要保持活跃的课外活动，还要完成大学申请。最大的挑战就是写申请文书。当时光是Common Application那篇主文书（Common Personal Essay），我就至少改了11版，改到最后一版已经和第一版完全不同了。

罗金洲：很多学校的申请表格中都会有一个文书题目：你为什么选我们学校？对于这类Why Essay你是怎么写的？

金婧秀：我的建议是对于这种Why Essay要选一个比较独特的角度来写。但是想将Why Essay写得与众不同，真的挺难的。以耶鲁为例，我当时申请的是考古和经济专业，这两个专业每个学校都开，你也不一定非得上耶鲁学吧？我绞尽脑汁想，怎么能让我的文书更独特一些。我突然灵光一现，想到了我以前去参观耶鲁校园（Campus Tour）的时候，看到有一座图书馆的建筑非常漂亮，看起来像是有几百年历史。但一位耶鲁的学生告诉我，这其实是20世纪60年代建的，到现在才五六十年；而之所以看起来这么古老，是因为建筑师往墙上泼了硫酸。当时我就想，哇，这完全就是我会做的事情。所以我写Why Essay就写了这件事，表达了我想在一所能培养出这样具有独特的思维的人才的大学读书的愿望。

不过，毕竟不是所有的学生都有机会参观他们申请的大学。如果不能，就多查一些资料吧。美国大学的网站、大学的Facebook主页等等，上面可参考的信息也非常多。

罗金洲：我们知道像哈佛、耶鲁、普林斯顿这些顶尖大学一般都会安排面试，你的面试经过是怎样的？

金婧秀：耶鲁没有通知我面试。普林斯顿的面试特别轻松。哈佛的面试，我迟到了20分钟。面试我的是一个哈佛校友，他在洛杉矶市中心的一家律师事务所工作。我因为迟到了20分钟，当时觉得没戏了。但是我的面试官挺好的，这是他第一次面试学生，问的问题也比较简单。我给了他一份我的简历，他看了我的简历就开始问我，比如他看到上面写了一些志愿者活动，他就问："你参加了这个志愿者活动，当时为什么要去参加啊？"氛围很轻松。

罗金洲：你参加普林斯顿夏校的时候学了些什么？

金婧秀：这个夏校项目挑了60个学生，在普林斯顿学习7周，有领导力课、写作课，还有SAT、ACT准备之类的课。最主要的是领导力课，课上让我们读一些关于美国的政治、历史、教育类文章，讨论诸如越南战争中美国扮演的角色、美国的教育制度这些话题。我们上课的模式一般是讨论、角色扮演、写论文。讨论课上，教授的主要角色是主持。因为我们都来自不同的州，有不同的种族背景和家庭背景，所以我们说出来的观点、立场也不一样。我觉得这是一个非常好的项目，让我了解到这个世界非常多元化，以及怎样去做好一个领导者。参加这个项目的学生中，最后录到哈佛的有4人，录到普林斯顿的有21人。我们这60个人的关系到现在都非常好。

罗金洲：这个项目带给你的主要收获是什么？

金婧秀：这个项目让我成长了很多。我们班级可以说是一个缩小版的美国，有亚洲人、黑人、白人，不同种族、背景的人来讨论各种问题，然后达到互相理解和共识。同时我也学会了全面思考，而不单单是从我自己的立场和角度出发，这样可以减少很多矛盾和冲突。这个项目还让我提前感受了一下美国的大学生活是什么样子，感受完之后让我非常憧憬未来真正的大学生活。我在这个项目结识的同学都非常积极，朝气蓬勃，心里有大大的梦想。比如当时我一个同学的梦想就是未来当一名国会议员，改善美国的教育制度。

罗金洲：是因为他看到了美国教育的一些弊端吗？

金婧秀：对，美国的教育问题是我们经常讨论的。美国的公立高中是义务教育，但学生是按居住区域划片上学的：如果你是住在这片区域的话，那你就上这个区域里的公立高中。但是一所公立高中能拿到多少当地政府的资金取决于住在这个区域的家庭缴纳的税收。如果住在这个区的富人多，他们交的税肯定更多，学校能从当地政府拿到的资金就更多，这样就会有更多的钱去购去聘用更好的老师、买更先进的设备、提供更多更好的资源，这样学校就会越好。但是相反，如果这个区域住的都是比较贫穷的人，整个区域因为税收相对少，所以学校能拿到的资金就不多，这样学校的老师、设备、资源一般就会差一些。在公立高中体系中，越富裕的家庭的孩子，他们受到的基础教育会越好。这是我和他常常会讨论的一个问题。

富裕家庭的孩子在高中能接受到的教育和接触到的资源会比那些生活在贫困家庭的孩子多，努力程度相同的情况下，富裕家庭的孩子的简历会比那些贫困家庭的孩子更丰富、更有竞争力。后者开展课外活动的机会会少一些。

不同家庭的孩子获取到的信息也会不对等。比如上过大学的父母对整个申请流程比较了解，他们可以规划孩子在高一或更早的时候就开始准备申请。但没有上过大学的父母可能完全不知道要怎么申请大学，他们提供给孩子的这方面指导也有限。

罗金洲：你刚刚讲的是美国高中教育的问题，美国的大学教育是否也有一些弊端？

金婧秀：现在美国大学的学费越来越贵。另外，普遍来说，大学里的白人学生比例很高（一般会超过一半），而黑人、拉丁裔这些占非常少数。有些大学会特意压低亚洲学生的比例，这么做的根据就是Affirmative Action（平权法案）。这个法案的目标是让更多的黑人、拉丁裔等这些少数或弱势群体上大学。**但是它把种族这个因素考虑在录取学生的决定中，在实践中其实是损害了优秀亚裔学生本应有的录取机会。**在加州，平权法案是被禁止的，所以加州的大学在录取学生的时候，不能考虑种族这个因素。比如加州伯克利最近几年录取的新生超过40%是亚洲学生，白人学生不到30%。但是在执行平权法案的大学，往往50%～60%是白人学生，20%左右是亚洲学生。

> 平权法案：美国最高法院于19世纪中叶就开始了依据《宪法》中的保障原则来保护黑人公民权利的行为。虽然宪法已保障少数族裔及性别的权利，但不少在职业及教育上仍然受到歧视，公民权利并没有获得保障。以1961年时任美国总统肯尼迪签署《第10925号行政令》（即“平权法案”）为标志，致力于推动政府和社会采取“肯定性行动”，来确保

求职者和雇员以能力而非种族、信仰、肤色或原国籍被区别对待，这对消除美国社会长久以来的种族歧视发挥了重大作用。

但以种族因素为大学录取要素之一会损害非裔、拉丁裔以外的群体的录取机会。进入21世纪后许多州和学校开始取消或减少所谓“平权”。如加州大学早在1995年就率先公开终止“平权”，麻省理工学院、北卡州立大学等也随后效仿。1996年，加州209号法案明确提出“不得以种族因素为大学录取标准之一”，这一提法此后为多个州所效仿，一定程度上抵消了“平权法案”所造成的录取不公。（参考维基百科）

美国大学虽然有这些弊端，但总体来说还是很好的，值得中国大学学习。

附表：加州大学伯克利分校2015～2017年新生录取数据

UC Berkeley Fall Enrollment Data

New Freshman Enrollment by Ethnicity

Ethnicity	2015 Fall	2016 Fall	2017 Fall	2015 Fall	2016 Fall	2017 Fall
African American/Black	157	158	186	2.8%	2.5%	2.9%
Mexican American/Chicano	500	629	633	9.0%	10.1%	9.9%
Other Hispanic/Latino	192	211	239	3.5%	3.4%	3.7%
Native American/Alaska Native	27	22	24	0.5%	0.4%	0.4%
Pacific Islander	9	12	11	0.2%	0.2%	0.2%
Chinese	1082	1215	1185	19.5%	19.4%	18.6%
Filipino	164	192	203	3.0%	3.1%	3.2%
Japanese	104	87	94	1.9%	1.4%	1.5%
Korean	269	292	292	4.8%	4.7%	4.6%
Other Asian	91	61	68	1.6%	1.0%	1.1%
South Asian	496	616	663	8.9%	9.9%	10.4%
Vietnamese	176	177	176	3.2%	2.8%	2.8%
White	1347	1516	1566	24.3%	24.2%	24.5%
Decline to State	269	321	299	4.8%	5.1%	4.7%
International	667	744	743	12.0%	11.9%	11.6%
Total	**5550**	**6253**	**6382**	**100.0%**	**100.0%**	**100.0%**
Underrepresented Minority Subtotal	876	1020	1082	15.8%	16.3%	17.0%

罗金洲：你现在已经进入到全世界最好的大学之一，你觉得父母对你的教育，在哪些地方培养了你的素质、思维、生活习惯或价值观？

金婧秀：我非常感激我的父母，同时也非常感激我的老师、朋友。没有他们，我是不可能进入这么好的学校的。我一直铭记在心。我的父母一直都非常支持我。平常我有什么兴趣的话，比如喜欢读书，他们就每周带我去买书。他们一直跟我说："只要是关于学习的东西，不管多贵，我都给你买。"虽然我们家不是那种非常富裕的家庭，但是我父母和我说："只要你上一个好大学，或者上你想去的大学，你不要管钱的问题，我们都给你解决。不论怎样我们都会供你。"父母的这些话可以让我没有后顾之忧地去学、去追求我想追求的东西。

另外，我父母营造了一个很好的家庭氛围。我妈妈是一个积极、独立的女性。她对什么感兴趣，就会去自学，或在网上找教程。她自学了心理学，考了心理咨询师证；又自学服装裁剪，自己做自己的衣服。她给自己定了一个目标：每年都要出国旅游一次。我妈就是这种很享受生活的人。她平常在家从来不打麻将，也不会出去喝酒，或者应酬到半夜很晚才回来。她有时间就看看有关心理学的书，或者跟我讨论各种话题。比如我今年暑假回国，和妈妈散步的时候，讲到美国教育的不公平问题等等，我妈都会听我讲，和我讨论。**她会平等地跟我对话。她愿意接受一些年轻人的思想、观念。我受我妈妈的影响很大：我妈这么享受生活、自我完善、积极向上、正能量满满，让我也学会了如何做一个独立的女性，对生活充满期待，激励我一直努力。**

罗金洲：这些是身教，那么言传方面你父母给了你哪些教育呢？

金婧秀：平常我做错一些事情，他们都会批评我，并且以过来人的经验告诉我这么做是不对的，怎么做才是正确的。不过，可能是我自身的原因，我对他们的这种言传听不太进去，倒是那些潜移默化的身教对我比较有用。

罗金洲：现在你待的地方，是全世界成千上万学子梦寐以求的地方。你能不能分享一下在哈佛的日常生活？

金婧秀：从周一到周五，如果早上是9点钟的课，那我一般会在8:30起床；如果是12点的课，我就11:30起床，哈哈。

哈佛所有的新生都在一个食堂吃饭。我有时候和朋友一起坐，有时候就随便找一个桌子，然后跟旁边的人打个招呼说，“你好，认识一下。”吃完后去上课，我一般最晚的课下午3点钟就上完了。每天都会有作业，下课后我就去图书馆写作业。因为现在有男朋友，所以大部分时间都是和男朋友一起吃饭。校园内每天都有很多俱乐部举办各种活动，他们会热情地招揽学生过去参加：“来啊，我们有免费的食物，快来吃吧！”然后我们就去蹭吃蹭喝了。有些俱乐部晚上会举办唱歌表演或者舞蹈表演等这类活动，有时候我会去参加，但平时我一般都是待在图书馆的。周五晚上和周末学生们都会去各种各样的Party（聚会）。有的学生还跑到麻省理工参加Party，那边的Party也很有意思，从哈佛坐地铁过去也很方便。

周末我一般和同学或朋友去参观一些博物馆，去图书馆学习，偶尔去中国城唱KTV，哈哈。我参加了一个跳舞俱乐部，所以也会去做舞蹈练习。

总结起来，就是上课、吃饭、睡觉、图书馆、活动。

罗金洲：很多留美学生都说会学习到半夜十二点、一点，特别特别累，你也是这样吗？

金婧秀：是的。时间长的一次我从第一天下午4点多进图书馆，一直待到第二天凌晨4点。我是学考古的，我现在上的课其实比很多其他专业的学生轻松。有时候我在图书馆待到很晚并不是因为一直在学习，是因为在图书馆和同学聊天，聊各种话题。比如说有一天我和同学聊到为什么日语和西班牙语比较相似，我们一直讨论这个问题，讨论了两个多小时，所以导致回去很晚。再比如有一次我和另一个朋友聊一些宗教、在美国的社会身份这些问题，聊得很投机，最后聊到第二天凌晨5点。**在哈佛，你经常会听到的一句话就是：“你在大学四年中，课堂外比课堂内能学到更多东西。”**

不过有的人是真的就在图书馆睡觉，他们把被子、食物带到图书馆，然后就在那边睡，哈哈。

罗金洲：*为什么？*

金婧秀：因为作业真的很多啊！比如说我们周二上的课，教授布置我们去读五六十页的资料，到了周四我们要讨论。但是你不光只有这门课，好多其他课都是布置你读五六十页的资料，这个阅读量加起来真是要让人疯掉了。尤其是期末或者期中考试前，整个图书馆都坐满了人。所以有的学生就在那儿睡觉了，睡醒了起来就学习，比较方便。

罗金洲：*在中国有一篇流传很广的文章《凌晨四点半的哈佛图书馆》，及其附带的“哈佛图书馆墙上的20条训言”，文章的描述是真的吗？*

金婧秀：那篇文章我看过，文章里照片说的是凌晨4:30的时候哈佛的图书馆灯火通明，很多人在学习，但实际上照片中的那个图书馆凌晨2:00就关门了。不过哈佛确实另外有个小图书馆是24小时开放的，但不是照片中那个。至于那20条训言，我没有看到过。

罗金洲：终于了解到真相了。在哈佛你加入了哪些俱乐部或协会呢？

金婧秀：目前我参加了舞蹈俱乐部，还有一个是中国学生协会，另外我还加入了一个考古的俱乐部。我没有加入太多，因为不想让自己大一就忙得团团转。

在这边你想轻松也可以轻松，你要是想让自己忙得没有时间睡觉也是可以的。比如如果你想加入学校的商业协会、金融协会、风投协会，就要提交申请、要竞争。我一个室友加入了金融协会，她每周都去听课，还要参加讨论——这完全就是上课嘛！

罗金洲：哈佛的教授以及他们的教学的方法有哪些地方让你觉得确实很厉害？

金婧秀：我觉得这里的教授本身都很厉害。基本上随便挑一个教授，上维基百科都能查得到他的词条。**不管你学什么，教你的老师很可能就是写这本教材的人。比如我经济课的教授就是我们上课用的教科书的作者。他以前也是布什总统的首席经济顾问。**不过他讲的经济课是一个大课，有几百学生同时上，所以平常我们一学期可能就见他两次。其他时候是小型讨论课（Seminar）这样的模式，由教授助理来组织。再比如，我们写作课老师非常天才，一些大家公认的文学术语的定义，都是他写的。这里好多老师都非常天才，以致于平常上课的时候他们说一句话你就很想记下来，因为真的非常精辟、经典。

我在上的《古埃及象形文字》，我们用的教科书是我们教授的朋友写的。有时候他说："这一点写得不好，我下次让他改正。"还有我上的《古代中国考古》，我们任课老师的学说就被作者写在这本教科书里。

罗金洲：你觉得他们的教学方法有哪些值得称道的地方？为什么哈佛的教学质量会比中国一些大学高呢？

金婧秀：在哈佛，有些大型的课是100多个学生一起上，但学校不会安排这门课一学期一直这样上，学生们也会被分散到15人或者12人一组的小组里面，让教授助理教你，进行小组讨论。**小班教学很重要，讨论式教学很重要，这是哈佛教学质量好的一个原因。**

教学方法上，我觉得哈佛和别的美国精英大学差不多。总体来说，教授都愿意跟你讨论，就算你挑战、质疑教授说的话，他也不会生气，他还是会跟你平等讨论。**美国教授每周都有Office Hour（办公室时间），这个时间教授必须坐在自己办公室里等学生过来问他问题，或是和他讨论一些知识。学校在极力创造机会让学生和教授更加密切、深入地互动。**

罗金洲：非常感谢你和我分享了这么多关于你个人、家庭和学校的事情和看法。我相信你的这些观点和给后面学生的建议会帮助到很多人，谢谢你！

金婧秀：也谢谢你！

拾贝

- 高中阶段，需要提前着手，设计和打造一份自己的简历，让自己能达到目标大学的录取标准。

- 即使进了不太好的高中，也可以变劣势为优势，因为学校的资源和机会没有太多学生来“抢”。

- 备考 SAT 托福时，要坚持练习，熟能生巧。多练，提升自己的速度。

- 博雅教育确实会让你广泛涉猎各科知识，让你变成一个比较博学的人，教你怎么思考而不是教你具体职业技能。

- 对于 Why Essay 要选一个比较独特的视角。

- 大学四年，课堂外比课堂内能学到更多东西。

- 小班教学很重要，讨论式教学很重要，这是哈佛教学质量好的一个原因。

第二章

南外、佩迪、普林斯顿：我的全奖留学路（上）

——普林斯顿大学学生徐培文访谈录

从一开始不知道中国学生还可以去美国读高中，到拿到美国知名高中佩迪学校（Peddie School）的录取和全额奖学金，到两年之后金融危机的大背景下再创佳绩——获得世界顶尖大学普林斯顿录取和全额奖学金，徐培文用她的经历诠释了勇气、主动和百分百的努力所能激发的人生能量。与她沟通如沐春风，春风过后，我们能感受到她坚韧和进取的力量——认识你自己；坚持做自己。让我们一起来倾听她的心声吧！

罗金洲：培文，当初你为什么想从南京外国语学校转学到美国去读高中呢？

徐培文：当初在国内的时候，申请去美国读高中的人很少。有一次我和朋友一起出去玩，遇到一个新朋友，他说他要去美国念书。临走前我好奇地问了一下："你去上哪所大学？"他说他是去美国读高中。那个时候我才知道有这条路。后来我了解了更多这方面的信息，慢慢地也产生了去美国读高中的想法。我和父母商量，父母说，"可以啊，只要你能申请到奖学金，不给家里太大的负担就行。"我说好，那我就试试。

我所在的南外，也是南京不错的学校，我要是去国外读高中就放弃了南外的保送资格，也拿不到南外的毕业证。我也担心我申请的美国高中会不会录我，担心录取了是否会给我奖学金，担心签证是否能通过。最后这些担心都一一解除了。

我在南外读了高一高二，高二读完后转到美国新泽西州的Peddie School（佩迪学校）重读了一个高二（美国11年级）。因为如果过去直接读高三（美国12年级）的话，我刚去美国3个月就要提交大学申请了，时间太仓促。事实证明多花些时间准备确实更充分。我在南外的时候成绩未能进入年级前十，不过我在佩迪学校毕业的时候成绩是年级120人中的第一。

罗金洲：你在佩迪的GPA是？

徐培文：四分制的4.23。因为我们的A+换算成4.3333。

罗金洲：可否分享一下你考SAT的经历？

徐培文：我考试那天早上走了10分钟的路，到附近一个考点就考了。那次我考了2230分，我还跟我老师讨论说要不要再考一次。他说可以试一下ACT。他为了劝我，还找了好多文章给我看。有文章说，有时候女生比男生更适合考ACT。听他说了以后，我就去试了一下ACT，第一次考ACT就考了满分，所以我就没有再考SAT了。

罗金洲：你是我第一次遇到的ACT考满分的人，真的很厉害。可否再说说你考托福和ACT的情况？

徐培文：我在国内时为了申请佩迪学校考了托福，当时考分是110分；从佩迪读了一年回来后我又考了一次托福，这次是117分。我是到了美国后考的SAT 1。有趣的是，佩迪要求我们所有的学生都去考1月份那场SAT 1。因为据统计，1月份的那场是一年中最简单的一场。后来，老师建议我转考ACT，我就去考了ACT。

考ACT的前一天是星期五，我上了一天课。晚上我们校篮球队还有一场比赛，因为我是篮球经理，就奔到学校篮球馆帮忙计分，还要不断跟记分员核对，一直精神紧绷，我记得到最后头都挺疼的。我那天一直弄到晚上七八点才开始吃晚饭。我当时跟我朋友开玩笑说，如果放在国内，这哪是考SAT或者ACT前一天的状态呀。

不过，现在回头来看，在美国这边，即使第二天你要参加这些重大考试，学校也不会给你放假或者一些“优待”。这是我个人挺喜欢国外学生生活的一个地方，就是大家不会特别为考SAT、ACT这种事而紧张，还挺放松的，处之泰然。像我爸说的，战略上藐视敌人，战术上重视敌人。

罗金洲：有道理，能简单介绍一下你的篮球经理生涯吗？

徐培文：我们学校有两个篮球经理，我和另外一位同学。我们每个人都有自己的任务，一个人帮忙比赛摄像，另一个人计分。我们上下半场轮换着来，因为摄像的时候要眼睛紧盯着摄像屏，盯上一个小时以后眼都花了。计分的时候需要不停地头抬起来低下去，都对精神集中要求挺高的，所以我们俩都换着来，要不然都会觉得太累。

罗金洲：你在南外和佩迪获得过哪些奖项呢？

徐培文：我真的没有获得过大的奖励和荣誉。因为数理化成绩比较好，我在佩迪拿了一个科学奖；在南外每学期都是“五星学子”，但这也不是很特别的奖项。

罗金洲：你当时大约申请了多少所学校？

徐培文：我一共申请了16所。一般大家都会把学校分三类嘛。第一类是难度最大、最没把握的，我申了哈佛、耶鲁、普林斯顿、宾大、麻省理工；第二类是杜克、乔治城、莱斯等等；第三类是曼荷莲、布兰迪斯等等。

罗金洲：录取你的学校有哪些？

徐培文：普林斯顿、宾大、乔治城等五所学校录取了我。当时所有学校我都申请了奖学金。因为那一年刚好遇到金融危机，美国大学也都受到影响。我高中的升学指导老师就跟我说：“申请奖学金是你的决定，我们尊重你的决定，但是**申奖有可能让你录取的概率下降**。”虽然各种报告上大学会说它们对国际学生的录取率是百分之多少，但它们没有说对申奖的国际学生的录取率是多少。每次跟老师谈完我都有一种提心吊胆、灰心丧气的感觉。所以当时我心理压力挺大的。

罗金洲：你所有学校都申奖主要是对自己实力自信还是主要考虑减轻家里的负担呢？

徐培文：主要是为了减轻家里的负担。

罗金洲：最后普林斯顿给了你奖学金吗？

徐培文：给了全奖。

罗金洲：太棒了，恭喜你！

徐培文：看结果那天我也挺高兴的，长久以来心里的石头终于落地了。我觉得这里面也有运气的成分。

罗金洲：你能拿到全奖，主要是因为你强大的竞争力。那么你是什么时候开始写申请文书的呢？

徐培文：我们在佩迪读书的中国同学，假期回国都会聚一下，包括家长也一起。当时**学长学姐的建议是11年级暑假就开始写，所以我假期动笔写了几篇**。回到学校以后是12年级9月份了。我就一边写，一边不断跟我高中的申请指导老师碰面，定期给他看我的申请文书，并和他商量确定我要申请哪些学校。

因为我人在美国，基本上所有学校都有机会面试。**我就自己给面试官打电话，协调安排面试的时间。12年级的11月份前，我已经完成了我所申请的大部分学校的面试。几乎都是面对面的**。在我们高中附近就有很多各个大学的校友，他们都非常热情，一般都愿意开车到我们学校来，比如说约在图书馆或者某个教室或办公室来面试。

罗金洲：你印象最深刻的面试经历是？

徐培文：我印象最深的面试是两场：一场跟哈佛的，一场跟普林斯顿的。我在参加哈佛面试前，在网上搜了一下这个面试官，发现，哇，他竟选过我们新泽西州的州长，又有自己的公司，应该是一个非常有见解、非常厉害的人。所以面试前我很紧张，但真正过去面试起来发现还好：他很和善，我们谈得很融洽。

普林斯顿的面试时间挺特殊的。其他的面试一般是安排在面试官下班后，但我那位普林斯顿的面试官非常忙，我们约了很多次时间，要么他没时间，要么我没时间。最后他说，那我们星期天早上八点面试吧。因为美国人一般周末早上不办公，所以我们这个时间挺特殊的。

面试时他说到他要帮儿子的球队做裁判。我就说，我理解，因为我是我们高中校篮球队的经理，平时帮球员递水、计分之类。因为这位面试官自己就是球队的教练，所以可能比较容易理解我。他说："我是教练，我太理解一个认真负责的球队经理有多重要。"这样星期天一大早，我就和他聊得很投机、很开心。

罗金洲：你有什么面试方面的方法论分享给大家呢？

徐培文：面试官会问你平时在高中做什么活动，最喜欢的课是什么，课余时间会做些什么等等。一般没有特别刁难你的问题。因为我是国际学生，面试官往往会问我"你为什么会决定来美国读书啊"，以及"你来美国之后对美国的印象怎么样啊"等等。最后他们一般都会问我对他们学校还有什么疑问。

我觉得网上提交的申请材料要和其他材料——比如面试——形成互补。比如我提交的材料显示我是一个理科比较好的学生，那我就要在面试的时候体现出我不光是理科挺好，我还很喜欢别的学科，学得也不错。我的数理化学起来比较轻松，但是我每年都会学历史类的课、法语等，尽量尝试国内读高中没有机会学到的课。所以面试官问我最喜欢的课是什么，我回答的是喜欢艺术类的课。**在佩迪，每堂课的学生一般不会超过15个人，所以任何一节课学生都会和老师有很多互动。我们在佩迪的艺术史老师是全国知名的艺术史老师，上课非常有意思，会提出许多有哲理的问题，而且他提出的问题不是很容易说对或不对的，很容易形成两派观点进行讨论。大部分受过高等教育的西方人，都在大学修过艺术史一类的课。和面试官谈这个，他们就会很感兴趣。而你面试时表现出对对方的兴趣，这也是礼貌的表现。**

刚开始我挺不熟练的，人家面试官问我什么我就很快地回答什么。但是我后面意识到，**面试过程不光是面试官问问题，你回答问题。面试最好是一种双向的互动，有双向交流的感觉。**不过心态也要放平和。很多时候面试官和你谈不谈得来是一个概率问题，有时候你和面试官就不怎么聊得来，这也是没有办法的。所以很多大学把面试放在不太重要的位置。

罗金洲：说得很好，你是否有面试表现不太好的地方呢？

徐培文：我参加普林斯顿面试时，我问校友在普林斯顿学的什么专业，他告诉我是工程专业，然后他说他毕业的时候做了一个研究，讲了很长的一个英文词，当时我立刻点头，他紧接着问了我一句，“你知不知道这个词是什么意思？”他肯定知道我不知道，因为那是一个很偏的词。我赶紧说

“Sorry”，然后他又很耐心地给我解释。这个时候我心里就很紧张：完了，一上来就没有表现好，这下这个人对我的印象肯定不好了。

但是现在回顾这件事，我的经验是，在面试中出现这种情况，就当它没发生，把下面的做好了就行了。后面的面试过程我就特别注意，他说什么我都专注地听，说到我不懂的，我就立刻问这是什么。最后他问我对普林斯顿还有什么疑问，因为我前面就知道不要问学校网站上能找到答案的问题，所以我问了一个我一直很好奇的问题：**据说普林斯顿的校友捐赠率是所有美国大学里最高的，原因是什么呢？**

罗金洲：很好的问题。

徐培文：他当时就很客观地说，普林斯顿确实学术厉害，对学生也很好，不过捐赠率高还有一个重要原因，就是有一个非常优秀的组织校友捐赠的机构，不断联系校友，不断更新学校的各种信息，促使校友捐款。历年来普林斯顿的学生都非常重视目标导向（Goal-oriented），所以当捐款办公室告诉校友，你们这届同学再捐多少钱就能达到目标时，大家都愿意捐。**这位面试官讲话很实事求是，给我一种很睿智的感觉，这也是我选择普林斯顿的原因之一。**

罗金洲：你在高中做了哪些你现在看来比较重要的活动？

徐培文：我对科学很感兴趣，但是我刚到佩迪的时候，发现学校没有这种科学类的俱乐部，所以我和我的朋友一起成立了一个Young Scientist Club（年轻科学家俱乐部）。**考虑到同学们平时上物理课、化学课、生物课已经很头疼了，如果我再把这个俱乐部搞得很严肃，像课外补习，就可能不会有人愿意参加。所以我想挖掘科学有趣的一面。**

每年佩迪开展公益活动时，我就组织我们俱乐部的会员给那些当地贫困的小孩子演示怎么用一些化学试剂做出火山喷发的效果，或者教他们怎么配制透明的橡皮泥。我还会带会员们去附近的大学——普林斯顿和罗特格斯等——组织他们参观大学的物理、化学实验室。**这样有兴趣成为科学家的人就有机会了解如果以后真的成为一个科学家，工作和生活会是什么样子。**为了联系这些大学，我去求助佩迪的老师，他们都很乐于助人。我跑去问他们有没有在大学任教的朋友，愿意给我们讲一讲在大学里当教授是什么样子。我们高中老师就帮我们联系朋友，带着我们俱乐部的成员一起去参观附近大学的实验室。

年轻科学家俱乐部和校篮球队经理是占用我时间最多的两项课外活动。

11年级的春假，我和20几名义工，报名去佐治亚州帮助当地的穷人盖房子，一共做了9天。这个也蛮好玩的。**在美国，我感受到他们的社会特别重视做义工帮助别人。**

此外，佩迪有约11%的学生是国际生，所以有一个国际生协会，老国际生帮助新国际生适应环境。我也加入了。

申请美国大学，不光需要成绩好，还需要积极参加各类课外活动。这些大学非常重视学生的主观能动性。

罗金洲：你当时是按照什么标准选大学呢？

徐培文：我选校用了相当长的时间。这也是申请里挺难挺重要的一步。我最开始做了一些帮助选校的问卷调查表，但是我做了以后觉得对我选校没有什么帮助。所以后来我就用了自己的方法：**从刚到美国开始，我就利用一些放假的机会，去看了很多学校，比如乔治城、耶鲁、杜克、哈佛、MIT、史密斯、曼荷莲、威尔斯利等等。我觉得去看了学校跟没去看学校还是挺不同的。最后选校，我主要是根据我去看学校时对那些学校的实地了解和印象来决定的。后面我怀着一种非常放松、非常开心的心情去申请学校，因为名单上过半的学校我都去过了。我在递交申请的时候就知道，哪怕是名单上最后一名的学校录取了我，我也会很开心地去读。

罗金洲：在申请过程中，你遇到的最大挑战是什么？

徐培文：申请美国高中的时候有挑战，申请美国大学的时候也有挑战。申请高中时我还没有彻底决定要出国，所以我白天在学校认真听课，课间背背托福单词，晚上回家做托福和SSAT的模拟题。当时我还在准备国内的小高考。很多事情都聚在一起，当时真的觉得时间不够用，有时候累得早晨在上学的路上都能睡着。

> SSAT（Secondary School Admission Test）考试是美国、加拿大等国私立中学的重要入学考试。它创建于1957年，由位于美国新泽西州普林斯顿市的中学入学考试委员会SSATB（Secondary School Admission Test Board）命题，主要测量学生的数学、语文以及阅读理解能力，考察考生的逻辑思维和发展潜力。在中国北京、上海、南京等地设有SSAT考点。

罗金洲：现在回想起这段非常有压力有挑战的日子，其实也是一段美好的回忆。

徐培文：没错啦。在国外申请大学，压力就来自这种不确定性吧。我申请的那一年又碰见金融危机，之前有的大学给奖学金还挺慷慨的，但是到了这一年，我心里就没底了。所以当时在交完材料到等结果这段时间，心理压力挺大的。

罗金洲：你在佩迪学过或考过AP吗？

徐培文：我们学校有AP课。我11年级考了微积分AB（AP Calculus AB）、物理C力学（AP Physics C: Mechanics）和物理C电磁（AP Physics C: Electricity and Magnetism），还有一个是AP英语文学（AP English Literature and Composition）。12年级我考了AP生物（AP Biology）、AP微积分BC（AP Calculus BC）、AP艺术史（AP Art History）。主要是这些。

罗金洲：写Essay对你来说是一个很大的挑战吗？

徐培文：嗯，挑战挺大的，我个人认为是申请所有环节里面最重要、最难的吧。当时我读了一些介绍美国大学申请文书的书，比如《哈佛成功申请文50篇》等等。我的感觉是，看了那么多好文书，反而觉得我写什么都不够好了，哈哈。

我写文书的经验是，一定要给自己充足的时间去构思。我看的一些书上教我一些方法，比如说把自己的相册从小到大看一遍，包括跟自己的家人聊天，问你的朋友让他们用三个词概括你等等。用了各种方法之后，每一次我一有什么想法就赶紧记到本子上，生怕忘了。**最后我就挑了一些最能体现自己特色的、自己最乐意写的素材来组织。构思文书的这个过程，我回头看了看我走过的这19年的人生，然后在里面选了一些能真正“体现我是谁”“体现我跟别人有什么不一样”的素材呈现给申请的大学。**

罗金洲：从开始构思第一篇到最后所有的Essay修改完，大概花了多长时间呢？

徐培文：大概花了5个月的时间。我写好一篇就发给我的高中指导老师看，老师提了意见，我先放它放一阵子，然后自己再读一下，再改一下。一般一篇改四五稿的样子。

罗金洲：你印象最深的文书是哪一篇呢？

徐培文：是我的Common Application的主文书，写的是我高一在南外和同学一起竞选学生会学习部长的事。南外的学生竞选活动真是搞得非常好，这已经成为南外一个非常盛大、隆重的传统了，还上过南京市的报纸。整整一个礼拜（也只允许那个礼拜），我们每天中午会很辛苦地跑到各个教室到班级去演讲、做宣传、拉选票。当然所有其他竞选人也都在做同样的事情。这就把竞争搞得非常激烈、非常有趣嘛。最后一天是竞选者在南外的校内电视上面，通过最后一分钟的演讲再拉一下选票，学生投票的结果决定你能不能当选，非常有意思。

罗金洲：最后的结果是？

徐培文：竞选要从找搭档开始，我们暑假一起策划，开学后跑到各个班演讲、拉选票。我觉得这件事挺能从各个方面体现一个人的能力和综合素质的，所以就写了这件事。我和我的搭档是合作关系。如果竞选成功的话，两个人一起当选，没有正副之分。当时我记得竞选学习部长的一共有5对。那次我们竞选的结果是，在5对中间，我们成功当选了，但是仅仅领先第二名30票。因为全校有大概3 000多个同学，所以30张选票差额很小。这件事给了我很大的震撼——万一当时哪一天稍微偷了一下懒，没有跑去演讲，或者演讲的时候没有尽力发挥，这30票可能就没了，我们可能就落选了。**这30票让我意识到，在为目标奋斗的过程中，哪怕一点点微小的努力都可能对最后的结果产生很关键的作用。**

我觉得同一件事，可以把它写得很有趣或者很无趣。我看了别人写得好的文书，都是有极强的故事感和画面感，读起来就像在读一篇小说一样。所以我也把文书尽量写得有故事感、画面感。比如我文书开头不是写竞选的规则，而是写学校宣布竞选结果的那一瞬间。

拾贝

- 在美国这边，即使第二天你要参加这些重大考试了，学校也不会给你放假或者一些“优待”。

- 申奖学金有可能让你录取的概率下降。

- 面试过程不光是面试官问问题，你回答问题。面试最好是一种双向的互动，有双向交流的感觉。

- 考虑到同学们平时上物理课、化学课、生物课已经很头疼了，如果我再把这个俱乐部搞得很严肃，像课外补习，就可能不会有人愿意参加。所以我想挖掘科学有趣的一面。

- 申请美国大学，不光需要成绩好，还需要积极参加各类课外活动。这些大学非常重视学生对社会的责任感、组织领导能力和主观能动性。

- 最后我就挑了一些最能体现自己特色的、自己最乐意写的素材来写。构思文书的这个过程，我回头看了看我走过的这19年的人生，然后在里面选了一些能真正“体现我是谁”、“体现我跟别人有什么不一样”的素材来呈现给申请的大学。

- 这30票让我意识到，在为目标奋斗的过程中，哪怕一点点微小的努力都可能对最后的结果产生很关键的作用。

第三章

南外、佩迪、普林斯顿：我的全奖留学路（下）

——普林斯顿大学学生徐培文访谈录

从一开始不知道中国学生还可以去美国读高中，到拿到美国知名高中佩迪学校（Peddie School）的录取和全额奖学金，到两年之后金融危机的大背景下再创佳绩——获得世界顶尖大学普林斯顿录取和全额奖学金，徐培文用她的经历诠释了勇气、主动和百分百的努力所能激发的人生能量。与她沟通如沐春风，春风过后，我们能感受到她坚韧和进取的力量——认识你自己；坚持做自己。让我们一起来倾听她的心声吧！

罗金洲：你印象第二深的Essay是哪一篇呢？

徐培文：我记得宾大沃顿的题目是："假设你已经写好了你的自传，现在摘出其中的某一页，将这一页作为你的申请Essay。"因为假设在写自传，所以我写的时候故作深沉，就好像我是一个中年人。那一页我把时间设定在高中时期，我现在在住校，又离中国的家那么远的情况下，我每天怎么平衡各种压力。接下来，我写的是我每天比较开心的时刻，是晚上写完了作业之后、睡觉之前的15分钟。我写了这15分钟我一般都会读的一些课外书。我的想法是，大家到了高中都特别忙，所以在文书中不用展示自己多忙多忙之类的。有的时候体现一下自己在忙里偷闲的时候都干些什么，让录取官看到你比较人性化的一面，也挺好的。

罗金洲：很多学校都要求写一篇"你为什么选择我们学校"的Why Essay，你当初是怎么写的呢？

徐培文：我去参观了我想申请的一些学校，听了一下他们的课或招生说明会。去之前我会查一下学生导游带着介绍校园活动的时间，按时间去参观，听的时候我就会记一下笔记。我对这个学校感兴趣的方面或细节，我也会问一下在校的学生，这样得到的消息会比从网站上看到的多一点、独特一点，然后写出来的Why Essay会让学校觉得你花了心思研究了这个学校，对学校很了解，我觉得这点很重要。

如果不能去那所学校参观，就可以问一下自己认识的已经在这所大学读书的学生或校友，从他们那里也可以问到一些独到的信息。

罗金洲：你在申请方面还有哪些经验呢？

徐培文：很多时候我做一些事情不是因为对申请有用，是因为我很喜欢，但最后发现这些事情对申请和大学的学习生活都有帮助。比如我在佩迪的时候选了一门AP化学课。我们知道美国的教科书都很厚，老师其实是不要求你读完整本书所有的内容。但是因为我觉得这些知识挺有趣的，所以我会把所有内容都读了，有了问题我就会去问老师。后来我发现这些内容对我大学学习很有用。

我真的是经过这么多年之后深深地有体会：**你用心付出做的任何一件事，即使你当时觉得可能太偏、对你没有什么用，很多年以后都会在某个地方帮到你。**

罗金洲：说得好，除此以外，你还有哪些经验？

徐培文：当初我在申请的时候有个误区：我觉得美国大学就是很注重申请者的课外活动、特长和领导才能等等。我觉得自己在这方面不是特别突出，所以当时也不是很有信心。现在我的感悟是，**大学毕竟是大学，它招生是以教育为主要目的，所以归根结底它最看重的还是申请者的成绩。你在高中成绩好，就是向大学证明你去了大学在知识更难、竞争更激烈的环境下，有能力学得很好。大学是非常看重这一点的。**

经历过这轮申请后，我觉得自己当初最大的误区就是这个。我经常会听到各种各样的、成绩不太好但是课外活动好被破格录取之类的案例，后来发现其实这样的例子还是少数。高中成绩就是基础，成绩不好的话连被考虑录取的希望都没有。成绩好了，大学才会再考虑申请者的其他方面。

罗金洲：你觉得你高中期间开展的最重要的三项课外活动是什么？

徐培文：我觉得是年轻科学家俱乐部、校篮球队经理，还有假期去乔治亚州帮当地穷人盖房子。

罗金洲：能分享一下盖房子的经过吗?

徐培文：我去佩迪的第一学年的春天，大概一月份的时候，老师带着我们大概二十几个学生，开了两天的车到佐治亚州的一个小镇。当地的负责人介绍说，我们这些志愿者的帮助，能让当地的居民住上他们本来的经济条件无法承受的房子。我们在那里总共做了五六天，从早上起来到晚上都是盖房子。打地基的时候我们帮忙钉钉子，用砂纸打磨一些需要磨平的木头、用高压水枪清洗房屋、给房子刷漆等等。

做义工这种事情只要你想做的话，总能找到机会做。可能有一些同学上学期间没有机会做义工，那可以利用假期的时候去做。

罗金洲：还有其他印象比较深的活动吗?

徐培文：因为我从小生长在南京嘛，对南京大屠杀挺了解。高二的暑假，我花了大概十天的时间，跟着大屠杀纪念馆的导游参观，做了一百份问卷发给大屠杀纪念馆的参观者，和遇难者的家属聊天。这时候我感觉历史从课本来到了我的真实生活当中。我调研的时候一位大屠杀幸存者的儿子向我介绍他父亲当年的经历，他眼里泪光闪闪的样子给我很大的震撼。

罗金洲：你在普林斯顿学习一年了，可否分享一下你在这里的日常学习和生活?

徐培文：每学期刚开学的时候一般比较轻松，上完当天的课之后还有很多时间。平时学校会办一些有趣的活动，比如国际文化夜啊等等。我往往下了课之后就会去自己加入的社团帮忙。比如我在中国学生会，如果有活动的话我就会去帮忙，把一些吃的喝的摆好；如果当天是进行一些宣传，就把宣传的资料放好。

如果是期中、期末考试前，大多数时候我上完课以后会回宿舍复习。我们有的时候需要熬夜熬到凌晨写作业或论文，如果刚好室友也在熬夜，那我们可以在困的时候聊聊天。

我有一阵子特别辛苦：早晨9点有一节课，然后10点有一节课，11点又有课，中午吃饭加休息一个小时的时间，然后一直上课上到下午4:30。从下午4:30之后到晚上7:30之间，我要吃完晚饭，还有社团活动占掉一到两个小时，之后还有课，从7:30到9:30。如果是遇上这样紧张的一天就没什么空闲时间了。但是周末空闲时间会多一些，所以会安排很多活动，听听感兴趣的讲座，去图书馆，参加社团活动，看电影等等。在我们镇上，只要出示我们的学生证就可以免费看电影。

不同的课其课时也不一样，有50分钟的，有80分钟的，也有二三个小时的。选什么时候的课就体现个人的自主性了。有些人早上起不来就选下午的课。有些人喜欢每天上一节那就每天选一节。有些人喜欢周一到周四把课上完，这样周五、周六、周日可以休三天。有些人是周一到周三上完课，周四就飞到别的城市去玩，星期天再回来。

罗金洲：有一种说法是美国学生数理化基础都比较差，中国学生过去只要过了英语关，就会很轻松地比美国学生学得好。你观察是这样吗？

徐培文：说美国学生数理化基础都比较差的人，可能没有碰到那些数理化厉害的美国人吧。美国公立和私立高中都有数理化非常厉害的学生。在普林斯顿，我有时候不会做一道数学题，同一栋宿舍楼的美国学生来教我，有时候我不懂的地方他们扫一眼就明白了。他们学的数学课程也比我学的难得多。

美国这种教育制度能让真正喜欢一些学科——比如数理化——的人去钻研，去学好这些学科；反过来，学这些学科学得好的人也是发自内心真正喜欢这些学科的人。当然确实也有很多美国学生数理化不太好，但我觉得完全没必要嘲笑他们这点。那些数理化不好的人，他们可能踢球踢得很厉害、玩橄榄球玩得很好，这些特长对他们申请是加分的。

我觉得美国大学的录取环节挺科学，通过这些环节筛选出真正喜欢学习、爱好钻研的人，送入高等学府，这群优秀的人在那里互相影响、互相促进。我一进我们学校就有一个鲜明感受：哇，全校都是这么聪明的人！我感觉压力山大，同时也很有动力。

罗金洲：肯尼迪总统在普林斯顿做过一次演讲，第一句话就是：“普林斯顿的课太难了，所以我转学到哈佛去了。”台下普林的学生笑成一片。

徐培文：哈哈哈，我跟我们学校的学长学姐交流过，大家都会说，进来的第一个学期往往会被这里学生的聪明和优秀吓到。这种感觉有点恐怖。我生平第一次感觉自己周围的人都比自己要聪明，而且这个聪明不光是某一方面聪明，综合能力都比我高。这个感觉挺吓人。我过去一直习惯了上课我是最快听懂的，但现在到了这里，我总是听课懂得比较慢的，所以心理素质要好，哈哈。这里的学生们都有各种各样的特长。大家都是如此的爱学习。我觉得这里真的是一座美好的象牙塔。

以前我看到一些大学的介绍材料，说它们的学生会在学校餐桌上讨论公式、宗教、时事、科学发现和作业题，当时觉得这不可能吧。后来到了我们学校，我发现这是真的。有时候我坐在饭桌上听同学们讨论问题，他们涉及的知识的深度和广度，让我心里暗暗佩服。有时候我们上大课，我同学会给我指着某个学生说，这个是世界上玩魔方速度最快的人，那个是其他某个方面特别厉害的人，等等。我感觉**这里没有一个人是泛泛之辈，没有一个人背后没有比较酷的故事，每一个人都很特别，每一个人都值得重视**。像我的室友是全美击剑的前10名，她经常飞到别的国家参加比赛。

罗金洲：这种生活真令人向往。

徐培文：我有个同学同时被普林斯顿和耶鲁录取了。他问了耶鲁的学生和普林斯顿的学生他该怎么选。耶鲁的学生就说，这两个学校各有各的好，我们耶鲁好的地方是什么什么，但是不足的地方是什么什么；普林斯顿的学生都立刻说，当然应该选普林斯顿了，哈哈。当然这只是个例，不能说明普林斯顿比耶鲁好。

每次说到我被普林斯顿录取这件事我都觉得我很幸运。我们这一届新生一共录取了1 300人左右。在我们这一届的新生欢迎会上，校长说，如果我们从我们拒绝的申请者里选出另外1 300个人坐在你们现在的位置上，也是完全可能的。

现在我感觉大学的招生官真的很厉害，他们挑到的学生不说全部也是大部分都是符合学校文化和氛围的。**普林斯顿的招生官挑来的学生都是从心底里就热爱学习的人，这些人不一定是为了什么别的目的，就是热爱学习本身**。

罗金洲：知之者不如好之者，好之者不如乐之者。

徐培文：是这样。

罗金洲：你现在在普林斯顿确定专业了吗？

徐培文：现在我暂定学经济。但我是到大二下学期才需要定下专业。我现在上了比较多的经济学方面的课，但我大二的时候会多选一些生物方面的课，看我对它们感不感兴趣吧。

罗金洲：普林斯顿有哪些吸引你的地方？

罗金洲：首先是前面讲到的，这里所有的学生都很优秀。这样你每天在这里上学，跟人交谈，一起学习，一起活动，你能从他们身上能学到很多东西。

然后是学校有丰富的资源，并且真的很重视学生，对学生非常好。我感觉学校认为学生是他们最宝贵的财富。学校印了各种手册介绍学校的资源，帮学生解决各种问题：比如你想去海外交换学习，你想做义工，或者你不知道该选择什么专业，他们都提供相应的帮助。健身中心对学生免费开放。几乎每天的晚上十点，学校都会有各种各样免费吃东西的机会。据有的同学研究，你在普林斯顿如果没有饭卡没有钱，只靠学校这些每天免费吃东西的活动都能活下去。

我这个学期刚学了一门课，跟中世纪罗马的教堂和建筑有关。这门课只有12个学生，平时上课都是讨论（Seminar）。春假的时候我们全班人去了罗马，考察当地建筑，所有的费用都是学校出的。一个大学爱学生爱到了这个地步——只要能帮助你学习、帮助你进步、帮助你了解世界的，他们都愿意去做——这就是我的感觉。

在我们学校，本科生会受到特别的重视。普林斯顿没有商学院、医学院、法学院。本科生都住在学校中心；研究生的宿舍都是在离学校挺远的地方，需要坐班车才能到学校来。所以会有我们学校“研究生是给本科生打工”之类的玩笑。每个教授他都会有Office Hour（办公室时间）给学生开放。有些大学的教授可能忙着搞自己的科研项目或者指导研究生，但普林斯顿的教授是特别重视本科生的。有时候在路上或者餐厅碰到那种“大牛”的教授，他们也会很友好地跟我们讨论问题。

我们的老师都非常厉害。很多情况下，教我们这门课的教授就写了这门课的教科书，这样的现象在我们学校很常见。有的教授他会边讲课边跟我们分享他在白宫做经济顾问的时候发生的好玩的事情，挺有意思的。

罗金洲：普林斯顿的粉丝在增加。你在这里读完了本科之后有什么样的打算呢？

徐培文：我可能再看看吧。毕业后是直接工作还是读研我都还没有想好，因为毕竟才读完大一嘛。我觉得还需要一些时间去了解各种选择然后决定。比如可能先直接工作，读研也是工作几年之后再读。

罗金洲：佩迪学校有哪些让你觉得满意的做法呢？

徐培文：佩迪和普林斯顿，都像一座象牙塔，好像在世界的中间开辟了一个小小的世外桃源的那种感觉。

佩迪高中比大学人少很多，一个年级只有100多人，所以高中老师对我们的关怀可以说是无微不至，就像对待自己的孩子一样。这种关心到了什么地步呢？我们住在宿舍里，在考试前，老师会用她自己家的烤箱烤蛋糕，晚上送到我们宿舍来。我毕业典礼的时候，我爸妈来学校，都是我的老师开车接送。我们的宿管老师，每次我的生日都会送我礼物，定期跟我谈心，问我有没有什么不适应的地方。最后我从佩迪搬家到普林斯顿，是他来帮我搬的哈哈。学校担心我们周末无聊，就带我们去海边玩，坐过山车，去看电影，这些都是我们学校帮我们付费。

我在佩迪时，已经毕业的学生回来做分享，他们说："相信我，到了大学之后你就遇不到像高中老师这么关心你的老师了。"大学的老师也关心学生，但是这种关心的感觉跟高中这种人少、亲密的环境下的关心就不一样了。

罗金洲：你在中国的一流高中南外读了两年，在美国的一流高中佩迪读了两年，你觉得南外的教育方式和佩迪的教育方式有哪些不同呢？

徐培文：我讲几件挺有趣的事情。南外毕竟是一所国内的学校，学习竞争很激烈，每次考完试会有成绩排名。老师为了区分出学得好和学得不好的同学，考试出卷就会有一些爬坡的难题。比如数理化，你只是学懂了课本是不行的，还要课后做更难的辅导书、练习题这样子。那些学得好的同学真的要非常刻苦才行。

但是**美国这边一般是学懂了就可以**。我开始学美国历史课时就很担心，我去跟老师说，我是从中国来的，我之前没有接触过美国历史，担心学不好。后来我发现这边只要老师课上讲的知识你都懂了，就可以了，不需要课外做更难的练习题。考试时候就是考你懂不懂，而不是出一些很难的题，考你的做题技巧。

在这种情况下，我就能很放心地把我的课余时间花到体育、爱好、社团活动上，去放心地全面发展。比如我做我们校篮球队经理，我们统计过，一般每天花在这个活动上的时间是3个小时。如果是在国内我就会觉得3小时就这么用在球场上而不是学习上挺浪费的；在美国我就能放心这么去做，就能、就敢把时间花在我真正感兴趣的事情上。**一个比较宽松自由的制度就会让真正自觉、真正好学、真正想探索某件事情的人都有机会、时间、精力去做他们想做的事情。**但是如果只用分数评价学生，分数的竞争又太激烈，那我就没有时间和精力顾及其他方面的发展了。

我觉得美国这种自由的教育制度挺好的。美国高中不要求所有学生都选一样的课。**这种制度不光是给了我一个机会让我自己选择课程、自己选择和决定想干什么，更重要的是它培养了我自主安排学习和生活的能力，而不是别人告诉你该做什么，然后你就照着去做。美国的教育创造了这样一个环境：帮助你知道自己想要什么，然后自己安排自己的生活，这个能力让我以后的人生都一直受益。**

罗金洲：具体到课堂教学，佩迪与南外有哪些差异？比如上化学课会有哪些不同？

徐培文：佩迪的教室很大，分成两半，前半部是学生的课桌围成一个圈，老师的讲台放在前面，给我们讲课。教室的后半部就是一个实验室。老师讲到相关的内容的时候就会说，来，大家都走到后面，我们一起来做实验。因为一堂课都少于15名学生，所以非常方便。学生围在老师旁边看他做这个实验，或自己动手做实验。同样的知识点，老师如果只讲，我们也会懂。但是自己亲自动手做过实验以后，感觉挺不一样的。

佩迪的仪器设备比较先进，以前想都没想过可以做这些实验，现在都做了。比如生物课上测树叶的光合作用，我们用学校统一发的笔记本电脑（全校的学生都用一样的电脑，就没有攀比的现象了。毕业后学校会收回电脑），电脑里都已经装好了上课需要用的程序。我们用很先进的探头测氧气的含量，探头连接到电脑上，程序直接读出数据。我们几乎每学一个知识点，都需要做相应的实验。这样一来，即使原来对生物不感兴趣的人都会对生物产生兴趣了，更不用说那些原本就对生物感兴趣的人了。

罗金洲：还有哪些差异呢？

徐培文：在美国高中，很多时候老师问的问题启发性和开放性的。他问了问题我们回答不上来的话，他也不会说答案。比如某一个分子是什么样的这类问题，我们回答不上来的话，他就立刻拿出小球小棒，开始搭那个分子的模型，一边搭一边和我们研究应该怎么搭。这边的老师们不是把这个知识点搞得有多难，你理解了就可以。**这也是为什么国内说国外学生学得不扎实，因为确实没有那么多的练习嘛。但是这样可以做到那些懂了的人是真懂了，而且很聪明，在这方面有灵性和天分。我觉得这样挺好，不浪费资源，让真正感兴趣、适合学这门课的人学好这门课。**

罗金洲：你觉得你成长成今天的样子，你的父母在你的品格、智力等各个方面的培养上有哪些你认为比较好的做法呢？

徐培文：我觉得我能有今天这样的性格、素质，得益于我父母的认识和远见。他们工作比较忙，我小的时候，爷爷奶奶带我的时间比较多。到了上学的年龄，他们就说老年人带小孩很可能把小孩给宠坏（这也是大家经常讨论的话题），所以他们决定，从我小学起就把我送到寄宿学校，每周末回家一次。当时我肯定不愿意这样，这个过程挺痛苦的，我总是哭，其他小朋友都已经不哭了我还是哭，老师劝我不要想家都劝烦了。但我的父母就狠下心来说就是必须寄宿。**从小学开始到现在，他们一直让我自己去锻炼我的独立能力，我觉得这对我的人生帮助很大。**

他们在我从小时就培养我的独立意识和自己为自己做决定的意识。一些重要的事情，他们不会把他们的意见强加到我头上，更多的是让我自己选择。他们对我会做一些引导，但是一般不会替我做决定。几乎所有的事情，都是我自己首先有这样的想法，然后再开始去做的。我来美国，申请高中、申请大学，这一路都是这样走来的。这样的好处是，**我觉得既然不是我爸妈帮我决定的，那最后我自己要对自己的决定负责啊，所以我得思前想后把问题考虑周全了，确保没有什么遗漏，这样才能达到最终想要的结果和目的。**

罗金洲：一些中国家长认为他们阅历比子女丰富，站得比较高，看得比较远，所以他们往往会直接替儿女做决定。很多时候他们为了稳妥，不敢放手让孩子自己去做决定、去尝试、去承担后果。但你的父母勇于这样做，所以一路下来锻炼了你今天的独立思想、独立学习和生活的能力。

徐培文：嗯，他们一般是引导我，不会逼我做什么。当然他们这种自由放养的教育也有一些不足，比如说我现在不会任何一样乐器。不过**任何一种教育模式都是有得必有失**吧。总体来说我觉得自己成长得不错。

罗金洲：谢谢你和我们分享你的这些独特的思想和经历，由此我们也了解到了你一路全奖的一些原因，一定会对其他学生有所启发。

徐培文：也谢谢你！

拾贝

- 大家到了高中都特别忙，所以在文书中不用展示自己多忙多忙之类的。有的时候体现一下自己在忙里偷闲的时候都干些什么，让录取官看到你比较人性化的一面，也挺好的。

- 你用心付出做的任何一件事，即使你当时觉得可能太偏、对你没有什么用，很多年以后都会在某个地方帮到你。

- 大学毕竟是大学，它招生是以教育为主要目的，所以归根结底它最看重的还是申请者的成绩。

- 美国这种教育制度能让真正喜欢一些学科——比如数理化——的人去钻研，去学好这些学科；反过来，这些学科学得好的人也是发自内心真正喜欢这些学科的人。

- 普林斯顿的招生官挑的学生都是从心底里就热爱学习的人，这些人不一定是为了什么别的目的，就是热爱学习本身。

- 一个大学爱学生爱到了这个地步——只要能帮助你学习、帮助你进步、帮助你了解世界的，他们都愿意去做。

- 这种制度不光是给了我一个机会让我选择我的课程、自己选择和决定自己想干什么，更重要的是它培养了我自主安排自己的学习和生活的能力，而不是别人告诉你该做什么，然后你就照着去做。

- 我的父母在我从小时就培养我的独立意识和自己为自己做决定的意识。一些重要的事情，他们不会把他们的意见强加到我头上，更多的是让我自己选择。

第四章

在耶鲁读书是一次心灵的洗礼

——耶鲁大学学生梁谦访谈录

“一定要做自己喜欢的事情，这样你才能做好。”在访谈中，梁谦多次提到这句话。他的父母为他提供了一个自由的环境，因此他一直是自己做自己的规划，追求自己想追求的兴趣，做自己想做的事情，从而成长为今天的梁谦。他逻辑严密，反应敏捷，心忧社会，在对话中不断在释放一波一波的思想冲击力。和梁谦长谈之后，我心里浮现的感受是：耶鲁成就学生，学生成就耶鲁。让我们随着对话来一起感受一下他思想的力量。

罗金洲：你现在在耶鲁的专业是什么？

梁谦：我念的是环境研究和机械工程双专业，现在是大一。

罗金洲：你在耶鲁的第一年遇到的最大挑战是什么？

梁谦：是结交朋友吧。虽然我现在结交朋友非常容易，但在大一还是一个很大的挑战。

罗金洲：很多人提到，留学生到了美国以后最初的几个月会遇到文化震惊（Cultural Shock），你有这方面明显的感受吗？

梁谦：我的感受不明显。**文化震惊是存在的，但是没有他们说的那么恐怖。**我毕竟高中是在国际部读的；另外其他学校像北师大附中、人大附中本身就是非常国际化的学校，学生们对外国文化接触的也比较多。耶鲁一直鼓励学生用包容开放、相互尊重的态度去和别人交流，所以我们在这里这方面适应起来会快一些。

罗金洲：你对接下来三年有哪些计划？

梁谦：首先我会完成我自己的学位，当然我现在还是一个大一的学生，有很多事情还是未知的。我需要保持一个开放的态度。我每年的暑假都会给自己订一个下一学年的计划。我这个人比较喜欢订计划。我没有忘记我自己喜欢什么；自己喜欢的事情还会继续做下去。

罗金洲：你对未来的梦想是什么呢？

梁谦：我想为中国的环境保护贡献一分力量，用科学、技术和人文情怀、用多个学科的知识解决中国的环境和社会问题。我是一个环保主义者，一个比较喜欢解决社会问题的理科生，也是一个航空爱好者。

罗金洲：可否分享一下你在航空方面的爱好？

梁谦：在高中时，我是一个飞行模拟器的资深玩家。平时喜欢学习飞机引擎，比如波音、空客、ERJ安装的涡轮风扇发动机，像罗尔斯·罗伊斯和普惠之类，和一些涡轮螺旋桨发动机。我也喜欢研究航空航天飞机相关的各方面技术。现在我有飞行执照，是一名真正的飞行员。

罗金洲：陈志武教授在一篇文章里说，任何一个在耶鲁读完四年大学的毕业生，如果他毕业时变成物理、电脑、化学或者是任何领域的专家，我们都会觉得那是一种失败。耶鲁校长理查德·莱文也表达过类似意思。这个观点是你们耶鲁人都认同的吗？

梁谦：这确实是我们的教育理念。这个理念可以解释我们学校很多的行政设置和课程体系的设置。这是我们的教育宗旨，应该说大部分的耶鲁教职员工和我们校长都是认同这句话的。

罗金洲：如果你希望致力于解决中国的环境问题或在航空发动机上取得突破，而耶鲁的培养模式是不希望你在四年之后成为某一领域的专家，那你如何达成你自己的目标呢？在中国，我们非常迫切地希望培养出这种专才，希望他们毕业以后就能够编程、制造机器，那么你觉得为什么耶鲁要极力避免培养专才？这样做有什么好处？

梁谦：耶鲁提出这样一个理念，是因为现在世界上没有一个问题是可以只通过一个领域的知识就可以解决好的，都需要多个学科、多个领域的合作，需要跨领域思维的能力。比如说经过耶鲁的这种教育，你可能是化工的学生或者是生物工程的学生，但是你却可以同时从经济、从环境科学、从哲学和历史方面获得解决问题的思考角度，获得灵感，你的思考也会更加的全面更加有力，你做事情会更加有效，问题会解决得更好。

再比如，经过耶鲁的教育，你不仅会编程，而且具备比较全面的科学素养，具备非常好的量化分析能力，同时也具备非常好的写作和论证能力，并且很可能在心理学方面和历史方面有丰富的知识。所以，**耶鲁不是不培养专才，而是把很多的专业才能都放在一个人身上，并且教会他融会贯通。**

不过，这种教育模式并不是适合任何人的。

罗金洲：在耶鲁学习一年来，这个学校哪些地方让你觉得在这里上学很值得？

梁谦：在耶鲁读书是一次心灵的洗礼！这里的学生都特别好，教职员工也特别好，这种氛围是特别让我欣赏的。

这里的学术非常自由。拿选课来说，你知道美国大学都是需要学生自己来选课。我们学校的选课方式和别的学校都不太一样。**我们选课不会紧张，学生不需要像其他学校那样“抢课”。基本上你想选什么课能选到什么课，想上什么课就能上什么课。**我们学校每个学期开始的前两周都是“自由选课周”，学生可以上任何他们想上的课，然后在两个星期之后他再根据个人意愿选好课程，敲定自己的课表。

我们学校绝大部分的课程都是小班授课，以讨论研究的方式来进行，这绝对是真的。**一些大班授课有时候也会尝试一些比较新颖的教学方式，像翻转课堂，**就是学生们课外看老师预先录制好的视频，然后上课的时候老师和同学共同讨论和完成作业。

学校对学生的支持资源特别多，支持力度很大。比如，光是我们想要选好自己一个学期的课，就会有三位老师为我们提供建议和服务：一个是学院里面的学生辅导员，一个是学术辅导员，还有一个是你的住宿学院的院长或主任。

不知道你有没有听说过我们学校的住宿学院制度？这是一个复杂又独特的制度。如果有一个学生走在街上，你问他是不是耶鲁的本科生，他说是，然后你问他，你是什么学院的？如果他说他是商学院的，那他肯定就是假的耶鲁学生。因为我们本科生都属于耶鲁学院（Yale College），不属于某一个按专业学科划分的院系。我们属于各自的12个住宿学院（Residential College）之一，比如本杰明·富兰克林住宿学院（Benjamin Franklin College）、伯克利住宿学院（Berkeley College）。

同一个住宿学院的学生们都会住在一起。每个学院里都会有自己的宿舍、自己的食堂、自己的健身房、自己的图书室、自己的阅读室、自己的洗衣房等各种设施。每个住宿学院也会有自己的文化和传统。每个住宿学院都会有自己的一个院长（Dean）和一个主任，以及其他相关的教职人员。但是住宿学院不承担任何的教学任务，里面几乎没有教学设施，只是学生生活的地方。但每个学生都会以自己的住宿学院为豪。毕业之后就按照你毕业的年份和是哪个住宿学院来区分归属关系。大一新生一般会有两个辅导员，一位是学术辅导员（一般是一位教授），一位是学生辅导员（一般是同一个住宿学院的大四学生）。

罗金洲：经过这一年的体验，你觉得耶鲁的住宿学院制度带给了你哪些积极的影响？

梁谦：住宿学院制度能让我交更多的朋友，让我有更强的生活在社区的感觉，也让我更有归属感。同一个住宿学院里面的学生背景非常多元，学的课程、专业都不一样，所以可以相互学习、借鉴，互通有无，所有这些都是很好的。

罗金洲：住宿学院制度在教育、培养学生方面有其他深远的意图吗？

梁谦：接受大学教育，课堂内的教学和学术训练只是一小部分。我们校长说，你在大学所接受的教育，更大的一部分来自于你身边人的影响：你怎么样去聆听别人的故事，吸取别人的知识、观点、思想、经验和智慧，你怎么和别人交往、相处，怎么站在别人的角度去考虑、理解他。这些都可以在住宿学院学生们紧密的接触中获得。

在住宿学院你会接触到这个世界上非常多的不一样的想法。不同人的人生经历和处事方式也完全不一样。这样你将会有非常大的收获：你不会少见多怪，以后和不同背景的人交流、合作也会变得更加游刃有余。在这里每个学生都有各自的厉害之处，一群厉害的人在一起会加倍放大前面说的这种效应，你会学到更多，进步更大。

罗金洲：一位北大的长辈对我说过，“在大学宿舍里学到的比在教室里学到的多”，道理与此相通。在耶鲁的这一年的时间，你有没有觉得学校有哪些地方需要改善？

梁谦：这个问题我还真没有想过。我们学校有时候办事效率比其他学校低，这是我唯一觉得有点可以吐槽的地方。

罗金洲：耶鲁曾经把纽黑文（New Heaven）当作你们的穷亲戚，但过去二十年中耶鲁开始积极参与周边社区的建设，努力改善纽黑文的环境。你观察到他们的哪些努力？

梁谦：这个我了解不太多。可能我在这儿待的时间还不够长吧！但有一点可以肯定，耶鲁给纽黑文当地的居民提供了非常多的就业机会，也给这个城市提供了很多活力。学校为当地提供了很多基础设施，尤其是耶鲁-纽黑文医院（与耶鲁医学院合作），医疗服务非常不错。现在耶鲁很多学生和教授的研究项目都会和纽黑文当地的政府和组织合作，改善当地的环境。本来大学存在的本质就是要服务于社会的。

罗金洲：你在耶鲁的时间一般是怎么安排的呢？

梁谦：比如说这个学期，我一般早上8:15起床，加上赖床和整理内务，8:40就匆匆忙忙出现在自己学院的食堂里面吃早餐。大概9:00或9:10骑自行车去不是很远的一栋教学楼里上西班牙语课。我们一节课从55分钟到85分钟不等。我们的西班牙语课一般都是十几个人的小班授课，这样会逼着你多说，学起来非常有效果。

我上学期是上午上三节课，基本上全天的课都挤在上午了。这学期我一般上午上两节课。一般第二节就是讲座。耶鲁的课主要有两种，一种是讲座，一般是大班授课；一种是研讨会，都是小班授课。一般每个星期有两三次大讲座，但每个星期这些讲座会搭配自己的一节讨论环节课，是人数比较少的小班，助教会带着这些学生进行讨论。文科讲座一般会这么安排，但理科讲座可能不搭配这类讨论环节课。

罗金洲：听说你们的饭堂很壮观。

梁谦：其实我们所有的住宿学院的饭堂都是非常壮观的，尤其是卡门斯饭堂（Commons Dining Hall），像一座古老的教堂，建筑风格像《哈利·波特》里面的霍格沃兹魔法学院。

罗金洲：在这样的房子里吃饭感觉会很奇妙。

梁谦：一开始觉得很惊喜，吃习惯了也就觉得平常了。

罗金洲：你高中时到美国大学上过夏校吗？

梁谦：上过。我是2014年暑假去康奈尔上过夏校，当时学的是一个工程方面的项目。我获得了康奈尔大学的学分，但是拿到耶鲁这里换不了这边的学分。耶鲁对转学分要求很严格。我们在高中获得的AP课程成绩，有些在耶鲁可以换学分，有些换不了，不过这些换不了的AP成绩也可以让你从更高级的课开始上起。

罗金洲：你在康奈尔和耶鲁都学习过，你觉得这两个学校有哪些不同？

梁谦：康奈尔的本科生是按学术领域来分在不同学院的，比如分为工程学院、文理学院、商学院。耶鲁的本科生基本上都在耶鲁学院（Yale College），学生基本上选任何专业都可以，想上任何课都可以，只要能达到毕业要求就行。

康奈尔校园特别大，那里的学生有辆车会比较方便。耶鲁校园比较小，人们基本上都是步行；我平时是骑自行车的；我们学校也有自己的公交车系统。基本上有这些就够用了。

我感觉康奈尔的气氛比较紧张，学生们一天到晚Study Hard and Play Hard（努力学习、尽兴玩耍），学生之间竞争比较激烈。相比之下，耶鲁的竞争氛围没有那么浓厚。我们学生之间存在竞争，但是没有康奈尔那么激烈和明显。

生活在耶鲁这样的一个学校里面，有点生活在乌托邦中的感觉。学校把你方方面面都照顾得非常好，让你有时候不愿意回到那个残酷的现实社会中。

罗金洲：学生在这个乌托邦里生活久了之后，是否会不适应外部的现实社会呢？

梁谦：我还没有毕业，所以我说不清楚。但是我觉得，首先，我们学生对外交流的机会是非常丰富的；其次，我们暑假有丰富的实践活动，实习、志愿者、做调查、做研究，我们接触现实社会的机会很多；第三，大家都知道耶鲁录取率极低，这样挑选上来的学生都有极好的能力和素养。这样的学生在校园里待着舒服一点并不代表出去后不具备应对现实社会挑战的能力。

罗金洲：你能描述一下在耶鲁上一堂研讨课的大致情境吗？

梁谦：我去年上过一门大一新生研讨课（The First-Year Seminar Program），这是我们学校一个比较独特的项目，也是仅有的少数几门需要摇号才能进的课中的一门。

这门课一个教室里有二十几个学生（这已经算是人很多了）。大家会围坐在一个圆桌前，我们教授坐在一个角落，他会抛出一些话题来，比如说我们上一章讲的是海地的可持续发展，他会就此抛出一些话题，然后学生们就会根据课前布置做的阅读来进行讨论。我们学生是带领和主导整个课堂讨论的人，教授只是时不时给你补充一下或者点评下你的一些看法，大家就一直继续讨论下去，教授确保大家讨论不跑题。下课后我们一般还要就此写一些论文。

罗金洲：为了让这种讨论有质量，大家需要怎么做呢？

梁谦：我们每个星期都会有自己关于这门课的日程，这样我们会提前知道课上要讨论的主题，然后围绕主题提前做大量相关的阅读，从阅读材料中找到证实自己观点的论点论据。**我们课前的准备和课上的研讨都是随时在想着怎么用知识、数据、事实来论证自己的观点，去说服别人，非常锻炼我们的能力。**

罗金洲：比如教授抛出一个问题——海地的妇女地位问题，课上大家会怎么做？

梁谦：我们有时会用问答的形式，有时会用辩论的形式，比如你怎么看这个问题？你有什么观点？你觉得这篇文章讲了些什么？为了让课堂丰富，有时候我们会搞一些体验活动，有时候会请一些客座教授来讲课，有时候会用角色扮演的方式来上课。

罗金洲：角色扮演的具体方式是？

梁谦：比如说你抽一个签，抽到的角色是市长，那么大家就会问你，作为市长，你遇到这个问题会怎么解决？可能有什么利弊？为什么？

罗金洲：所有这一切都意味着你们在课下要做大量的阅读和思考。

梁谦：是的，我们学生之间也会相互发邮件做进一步的讨论。这种讨论也拉近了我们同学间的关系。

罗金洲：在耶鲁，除了学术类的之外，你还参加了哪些课外的活动呢？

梁谦：我现在参加的主要有两个社团：第一个是耶鲁本科航天协会（Yale Undergraduate Aerospace Association，YUAA）。我今年参加了一个项目——我们造了一架固定翼无人机，这也是我一直想做的事情。我尝试把我过去积累的航空航天知识应用到这个固定翼无人机上面，目前应用的不多，但是不管怎么样，这是一个很不错的尝试。我在这个过程中学到了很多东西，比如说三维建模：我基本上把整个团队的SolidWorks三维建模都揽下来了，但其实最开始我一点都不会。

罗金洲：你参加的另一个社团是？

梁谦：另一个是耶鲁的光明项目（Project Bright），这是一个致力于推广太阳能能源应用的社团。我们这学期做了两个比较大的活动，其中一个是我们和SolarCity（太阳能城市）合作，让耶鲁的教职员工同意在自己家里面安装太阳能电池板，通过太阳能来给家里供电。

罗金洲：是伊隆·马斯克的SolarCity吗？

梁谦：是的，我们一直在加强和它们的合作。另一个活动是，我们正在为海地一个社区建立一个综合能源中心，建立一套太阳能电池板系统来给当地居民提供基本的手机充电，因为手机在当地是最重要的沟通方式。整个电力系统就是我设计的。但是整个系统不是特别复杂。

罗金洲：作为一个过来人，你给即将到美国去上大一的新生有哪些建议？

梁谦：首先，我觉得大家不要忘了你是从哪里来的，**不要忘了你是中国人，你的言行代表的是你自己的国家，也不要忘了很多外国人对我们的偏见和刻板印象（Stereotype）其实是由我们自己的不好的行为造成的。在国外，维护自己国家的形象和民族的尊严是一件非常重要的事情，所以一定要注意自己的言论、行为，特别是要控制不好的言论和行为。**虽然我们国家有很多不好的地方，但是我们更需要注意的是，中国有哪些好的地方，有哪些值得世界去推崇和学习的地方。这是我们中国留学生需要去向世界展示的东西。在国外的华裔社区中，很遗憾，有一些人在故意抹黑我们国家，从而形成了一种恶性循环。**如果你在国外想获得别人的尊重，你就必须让别人尊重你自己的国家。不要崇洋媚外，在外国人面前不要自卑。**

中国在世界舞台上扮演着非常重要的角色。我们学院有一个叫大师茶会（Master Tea）的活动，会请一些很重要的人物来讲话，其中一个参加过2015年巴黎气候会议的人对我们说，中国对最终达成COP21巴黎协议起到了非常关键的作用，没有中国的努力，这个协议不可能达成。

我的第二点建议是，**你在高中就要提前开始学习国外的学术规则和习惯，比如找资料要去哪里找？写论文要遵循哪个引文格式，**MLA、APA还是Chicago？这些你最好在国内就学好。如果到国外后再学的话，是一个非常痛苦的过程。我很庆幸当时我在国际学校里面掌握了这些。高中时把这方面糊弄过去的学生到了国外上大学时真的是非常痛苦。只顾准备标准化考试、不注重这些软实力的积累是不行的。**一定要注重这些软实力——比如写作能力、搜索资料能力、演讲能力——的积累。**

> APA、MLA和Chicago引文格式：
>
> APA是美国心理学会（American Psychological Association，APA）所制定的一种引文格式。APA主要用于心理、教育及社会科学等学科。
>
> MLA（Modern Language Association，MLA）是主要用于人文、艺术等学科的引文格式，由Modern Language Association发布。
>
> Chicago是主要用于书籍、杂志、新闻等媒体的引文格式。Chicago有时叫CMS或者CMOS。但是自从1906第一个规范版本发布以后，统一称为Chicago。Chicago style presentstwo basic documentation systems:（1）notes and bibliography and（2）author-date.

很多家长千辛万苦想把孩子送到一个不是应试教育的地方，但准备的过程中一直是按应试教育的标准在操作和评价，这又有什么意义呢？我这话说出来可能有点重，但这种现象非常普遍。

罗金洲：响鼓需要用重锤。

梁谦：我被录取之后，在我们高中面向家长和学生做过分享。家长们会把我参加的活动或者做的准备一个一个记下来。我一讲细节，家长们马上一堆手机举起来拍照，一堆人开始记笔记。他们可能希望通过借鉴这些活动，将来让自己的孩子在申请中更加胜人一筹。也有些家长看到我参与的一些活动之后表现出失望，有些甚至摆出鄙夷的态度，好像在说，就你这样也能上耶鲁？你家该不是有什么关系吧？！

我有个高中同学想去大学读历史和哲学，但是她妈妈说：可能现在学学哲学、历史，但最后还是要学经济的。其实在美国这种非常自由的环境下，你完全可以学很多自己想学的东西，但有些家长还是会用这种非常功利的态度去框定孩子的选择。所以很多家长的观念会阻碍孩子的发展，就像你在驾驶飞机起飞的时候，减速板是打开的。

罗金洲：这个比喻很妙。

梁谦：我的第三个建议是：家长要多尊重孩子自己的意愿，多放手让孩子去做。孩子做自己喜欢的事情的时候，主意就是多。他不喜欢的事情，你硬逼着他去做，一般很难做好。很多家长过多地插手孩子的申请过程，“你看别人做的这个，你看别人做那个，你也这么做吧。”家长插手过多的话，孩子会慢慢失去独立思考、独立解决问题的能力。你的父母如果有一些资源，确实可以帮到你，但父母不应该主动帮你，而是你主动去找父母帮忙。我觉得我的父母做得非常好的一点是他们给了我很大的自由，让我可以去规划自己的很多事情。

罗金洲：说得很好，你是从什么时候开始准备出国留学的申请呢？

梁谦：我的高中是在广州华南师大附中国际部，2012年我刚进入这个学校起就已经开始准备了。所谓的准备就是过好自己的高中生活，追求我所想追求的兴趣，不管这个兴趣可能有多奇葩或者多奇怪或者多小众（事实上我的兴趣很多都很小众），做自己想做的事情然后把它做到最好。

罗金洲：对于正在准备留学申请的学弟学妹，你有哪些建议呢？

梁谦：第一，一定要清楚自己喜欢什么，做事情一定要做自己喜欢的事情，这样你才能做好。我觉得很多真正成功的留学生都是做了自己喜欢的事情。

第二也是我前面讲到的，一定要注意自己软实力的培养，比如如何规划自己的时间、如何做笔记。我个人比较喜欢用不同的颜色的笔来做笔记，用不同的颜色来将知识的逻辑结构梳理清楚。

罗金洲：*在申请文书写作方面你觉得有哪些做得好的地方？*

梁谦：首先，我写的很多内容都是我自己心里想说的。最开始我会去揣摩，这些学校喜欢什么？我是不是该去投其所好？但是我后来发现这些没有用，这样写出来的文章比较怪，让人觉得假。其实，用朴实的手法写，才能透露出你自己的思维方式。写的时候不要去列举自己的成就。大学更看重你的思维过程。大学主要看的肯定不是你自己经历了一些什么，而是你怎么样去想问题，你为什么这样做，你为什么这样想，以及透过你的文字看出你是不是真能做到这些事情。

罗金洲：你自己为什么这么做比你做了什么本身要重要。

梁谦：是的。其次，一定要早准备。写文书越早，你修改的空间就越大。高一就要开始去了解大学，做调查研究，因为有些文书只有充分了解大学才能写好。

虽然美国这一套录取系统让人捉摸不透，但是我觉得它工作得很好，一般都能筛选到非常适合这些学校的学生，至少在耶鲁是这样的。

罗金洲：能分享一下你参加耶鲁面试的经验吗？

梁谦：我参加的是校友面试。我的建议有两个：首先，不要让任何的环境因素去影响你的面试表现。比如前一天要睡好；如果是网络面试或者电话面试的话，一定要保证连接通畅。保持一个放松的状态；心里不要太多杂念；不要太急功近利；一定要把自己真实的一面露出来。

然后，这是你的面试，不是面试官的面试。所以是你而不是面试官应该成为面试的主导者。当然做到这一点不太容易。

罗金洲：怎样才能成为面试的主导者呢？

梁谦：在面试里不要只顾被动地回答问题，而要主动推动对话的进行、推动话题的走向。这个主动权是掌握在你的手里的，你自己的回答有时候会决定整个谈话的走向。

拾贝

- 陈志武教授在一篇文章里说，任何一个在耶鲁读完四年大学的毕业生，如果他毕业时变成物理、电脑、化学或者是任何领域的专家，我们都会觉得那是一种失败。耶鲁提出这样一个理念，是因为现在世界上没有一个问题是可以只通过一个领域的知识就可以解决好的，都需要多个学科、多个领域的合作，需要跨领域思维的能力。比如说经过耶鲁的这种教育，你可能是化工的学生或者是生物工程的学生，但是你却可以同时从经济、从环境科学、从哲学和历史方面获得解决问题的思考角度，获得灵感，你的思考也会更加全面、更加有力，你做事情会更加有效，问题会解决得更好。

- 耶鲁不是不培养专才，而是把很多的专业才能都放在一个人身上。并且教会他融会贯通。

- 我们选课不会紧张，学生不需要像其他学校那样“抢课”。基本上你想选什么课能选到什么课，想上什么课就能上什么课。

- 我们学校绝大部分的课程都是小班授课，以讨论研究的方式来进行，这绝对是真的。一些大班授课有时候也会尝试一些比较新颖的教学方式，像翻转课堂。

- 同一个住宿学院的学生们都会住在一起。每个学院里都会有自己的宿舍、自己的食堂、自己的健身房、自己的图书室、自己的阅读室、自己的洗衣房等各种设施。每个住宿学院也会有自己的文化和传统。

- 你在大学所接受的教育，更大的一部分来自于身边人的影响：你怎么样去聆听别人的故事，吸取别人的知识、观点、思想、经验和智慧，你怎么和别人交往、相处，怎么站在别人的角度去考虑、理解他。这些都可以在住宿学院学生们紧密的接触中获得。

- 在住宿学院你会接触到这个世界上非常多的不一样的想法。不同人的人生经历和处事方式也完全不一样。这样你将会有非常大的收获：你不会少见多怪，以后和不同背景的人交流、合作也会变得更加游刃有余。在这里，每个学生都有各自的厉害之处，一群厉害的人在一起会加倍放大前面说的这种效应，你会学到更多，进步更大。

第五章

伊萨卡的美与挑战

——康奈尔大学学生陈心云访谈录

美丽的伊萨卡（Ithaca）每年都吸引着成千上万的学生，这里是康奈尔的所在地。来自湖南的女生陈心云，受到一群耶鲁学生的感召而申请出国，历经考试、申请、面试、签证的挑战，最终落地康奈尔。和很多留学生不太一样，她难得地做到了学习、社交、睡眠的平衡。在康奈尔的工学院，她摸索出了选课的方法论；和建筑学院、商学院等其他学院的学生一起参加跨学科的Make-a-thon活动，她感受到紧张、挑战和喜悦。一起来看看她的独特经历和见解吧！

罗金洲：你说刚刚从食堂打工回来，能简单说说打工的情况吗？

陈心云：打工是一种体验。我希望能周末或是晚上打工，发现食堂的兼职工作正好时间适合，距离又近，所以就选了这里。我每周工作一次，一次5个小时。因为我的主业还是学习，我也不希望工作太多，**不能为了赚钱把学业给耽误了**。我目前的时薪是9.75美元，5小时约50美元。我和我妈妈调侃，如果我一周在食堂打工40小时，我的月薪就超过她了。

罗金洲：你家既然能送你出去留学，那资金应该是够支持你在国外的费用。打工挣的薪资相对你的留学费用来说只是杯水车薪，那你为何选择要去打这份工呢？

陈心云：花了爸妈这么多钱，要赚一点回来吧哈哈！**打工还有一个好处是可以申请美国社会安全号（Social Security Number），这在美国是一种重要的身份证明，可以申请驾照、办信用卡、积累信用记录等等。**但是我申请了后也没有怎么用过。

罗金洲：你是什么情境下开始计划出国的呢？

陈心云：我的高中是湖南的雅礼中学。我是在数学竞赛班，但是我爸妈一直觉得我应该要全面发展，所以我在准备数学竞赛方面像在打酱油，主要精力一直是在准备高考。

我们高中和其他高中可能有点不太一样。我们学校每个年级有一个理科竞赛班，是培养奥林匹克竞赛选手的，两个理科实验班，是面向高考冲击名校的，还有英特班和其他普通班。理科竞赛班、理科实验班、英特班每周都会有2～3次外教课，都是由耶鲁大学来的学生来教。耶鲁中国协会

（Yale China Association）每年选派4名耶鲁毕业生来我们学校任教。每个老师会来我们学校教两年，然后每两年替换两位，这样轮换。这些耶鲁学生各方面能力都特别强，人品也非常好，每个人都很优秀。

我们学校最初是美国耶鲁大学的毕业生在20世纪初在中国创办的。高一的时候，我和我们学校里耶鲁毕业的外教们参加一些活动，当时深受触动，我觉得这些人好棒，**我好想身边都是这样的人，我好想成为这样的人**，所以那时就决定了要去美国读书。高二过了一半的时候，我开始准备出国的考试，办理申请材料，写文书，最后幸运地申到了康奈尔，所以就来了。

罗金洲：你在申请期间遇到的最大挑战是什么？

陈心云：整个申请过程都挺有挑战的。特别是写文书挺难的，我当时天天盯着那些题目在那里思考该写什么、怎么写，一直在写，一直在改。

罗金洲：你觉得你在写这些文书的时候，有哪些做法是比较好的呢？

陈心云：**首先要抛开一些国内常见的作文想法和思路。**写申请美国大学的文书，有些像写故事，总体属于讲故事和以小见大这类风格。美国的一些节目主持人，即便是很正式的节目，他们很多也是用轻松风趣的风格来主持。有些申请文书的风格类似这种，也比较成功。

罗金洲：对后来的申请者，你有什么样的建议让他们把申请文书写好？

陈心云：我觉得**文书内容要真实**；平时要多阅读，有时候看看别人的书就会有新的灵感；另外让水平高的人帮自己改改也有帮助。

罗金洲：回头来看，你还有哪些地方做得比较好呢？

陈心云：申请这些好学校的学生中，优秀的非常多，大大超过了它能够录取的学生的数量，最后录取的人除了自身水平相对比较高，其实也有运气的成分。我标准化成绩、GPA够了，文书也用心写了，再加上比较幸运，所以进了康奈尔。

罗金洲：我前面采访一位耶鲁的学生梁谦的时候，他表达的一个观念是，耶鲁有点像一座象牙塔，学生们大都是君子，人和人之间都很友善，用一种不太世俗的规则在待人处事。钱理群教授则说："我们现在的教育，特别是我刚才说的，实用主义、实利主义，虚无主义的教育，正在培养出一批我所概括的'绝对的、精致的利己主义者'。"实际上，美国和中国的学生正反两方面类别的都有，你对此怎么看呢？

陈心云：我有蛮多同学在北大、清华这样的学校；我也认识一些耶鲁的学生，我们高中的两个外教都是耶鲁毕业生，有一次我和他们及另外7位耶鲁毕业生一起去支教过。不过钱理群教授说到的"精致的利己主义者"，我感觉美国的大学，包括常春藤，应该也有这样的学生吧。可能比例会不一样，我不太清楚。**中国和美国的学生能进入各自国家的一流大学，肯定都是很努力的，只是努力的方向不一样：美国大学录取标准里面除了成绩，还包括了你的各种课外活动、领导才能、志愿者服务等等，但中国大学的录取标准中没有。**如果利己的同时不损害他人，心怀拯救世界或者为世界做贡献的理想，这也可以。我觉得可能是重点在动机上面：你的最终的动机是只让自己幸福，还是让别人幸福的同时让自己幸福。

罗金洲：利他才能利己。

陈心云：无私为大私。

罗金洲：很好，你现在在康奈尔的专业是什么？

陈心云：我学的是计算机。

罗金洲：祝贺你录取到美国大学竞争最激烈的专业之一，能透露一下你上学期和这学期分别修了一些什么课吗？

陈心云：因为我高中没有学AP课，所以我几乎全是按学校的网站上面推荐的流程图（Flowchart）一步一步选课、上课的。我上学期上了数学、化学、计算机入门，还有大一写作讨论课（First-year Writing Seminar），这学期上的是数学、物理、写作课、运筹学、离散结构。

罗金洲：你选课时有哪些方法呢？

陈心云：我基本上是按学校推荐的一门一门的课来上，所以我选择的余地不是特别大。但对于我有选择余地的课，我很用心地在选，结果证明这种用心是很有意义的。

比如说我们学校有上百种写作课，因为它是小班教学，一个班18个人一起，所以有特别特别多的门类，选择的余地特别大，而且是每个学生的必修课。我当时选课的标准就是：**第一，我首先要感兴趣；第二，这个课我要能胜任（Handle）**得了，不能说完全凭兴趣选一个根本学不下来的课，那样没有用。但我光看学校网上的课程描述，也不能够全面地分析是否适合，所以我就给我感兴趣的几门课的老师直接发了邮件，问他们说我这样一个国际背景的学生，阅读量很小，但是很感兴趣这门课程，能不能学好？或者说我有什么可以提前准备的？然后根据老师的回信再来判断这个课适不适合我。如果老师直接说，“我们这个课美国人都觉得很难”，那我觉得就算了；如果老师说，“你喜欢的话，只要你努力，肯定可以学好的”，那我觉得这种课就可以选。

我们学校其他课是到选课的时候直接去抢就行了，抢到了就是抢到了，没抢到就没抢到。但写作课是像填志愿一样选5个，并按偏好排序。上学期我被安排到我第二志愿的写作课程，这学期被安排到第一志愿，我上了都觉得特别好。**很多人恨大一写作课，但很多人也觉得喜欢——我觉得这主要是不同的选课方式导致的。如果用心，选到自己喜欢的课的概率就会大很多。**

我们工学院有18个博雅课程学分（Liberal Arts Credits）。我可以根据自己的兴趣来选。目前我比较想上哲学、历史、经济。不过有些课是必修，你喜不喜欢都得上。

罗金洲：既然选课有技术含量，那选课比较失败的情况是什么呢？

陈心云：第一是选的课太简单，学不到东西，或者学的都是自己觉得没有用的东西，这种情况相对比较少；第二是选的课太难了，自己学不来。由于选课太难或太多，然后还参加一堆的活动，把自己累垮的学生也有。

罗金洲：有些大学允许学生先试听一两周，然后决定选还是不选，康奈尔是这样的政策吗？

陈心云：我们试听后决定Add or Drop（注册或放弃）的时间特别长——一个月或者两个月，一般都是在第一次月考左右的时候是截止日期。在这期间，理论上来讲你听多少课都可以，只要你时间排得过来。但如果你一开始完全没有规划，可能最后你想注册的课都注册不上。我自己属于那种野心不是很大，基本上想好了自己要上几门课，就踏踏实实去上那几门课，不会再左看右看了。我们在工学院基本上就直接按学校的要求选课就行了，但文理学院的学生就选课余地比较多，他们可能会容易纠结一些吧。

罗金洲：在康奈尔待了将近一年之后，你觉得这个学校哪些地方让你挺满意？

陈心云：我觉得哪方面都好。校园风光好，我比较喜欢在村里，天特别蓝，晚上仰看满天繁星，还有各种小动物到处跑。虽然冬天长了一点，但是因为有暖气也不怕冷。下雪时校园非常美。

我们学校食堂伙食相当好：食物种类很多，虽然学校的Meal Plan（饮食方案）有点贵。我们有农学院，牛奶、水果、果汁、冰淇淋什么的都是学校自产自销的。吃的时候的感觉就是：哇，我吃的是自己学校种出来的东西！这种感觉很棒。

我们学校很大，来自各个国家、背景的人都有，因此在这里学习、生活很能开阔眼界。在学校的各个学院，建筑学院、文理学院、工学院、酒店管理学院等等，有各种各样不同的人，跟他们接触就觉得：生活有无限可能，也可以学到很多自己平时接触不到的知识。

罗金洲：能举一两个例子吗？

陈心云：比如说我有建筑学院的朋友，平时虽然遇到他们很难，因为他们都待在工作室（Studio）里面，但是每次遇到一起吃个饭什么的，聊聊最近都干了些什么，就觉得像是自己去感受了一下另一种生活一样。建筑系的学生在康奈尔有一个传统节日，称为龙日（Dragon Day），那天他们会做一个巨大的龙在整个校园里面游行。光看看这些也觉得很自豪很有意思。感觉艺术家们和我们工程学生的生活挺不相同的。

我们学校有Make-a-thon，有点像Hack-a-thon，但是它是把工程学院学习硬件、软件的学生、建筑、艺术的学生，还有商科的学生聚集到一起，然后大家一起去解决一个问题——跟跨学科的学生在一起合作感觉收获很大。

罗金洲：thon代表什么？

陈心云：thon是Marathon（马拉松）的词尾。

罗金洲：那么意思是很多人一起做一个项目，并且持续时间比较长，挑战比较大，是这样吗？

陈心云：可以这么理解。Hack-a-thon已经流行了很久，但Make-a-thon还是比较新的词。Hack-a-thon就是一群计算机专业的人在一起做一个项目。

罗金洲：你有参与Make-a-thon这样的项目吗？

陈心云：我上次就参加了这个活动，然后累成狗了。因为这个项目是周末24小时连轴转的。当时我们组一起工作了30个小时左右，中间他们有的人回到宿舍睡了5个小时，也有学生像我这种直接在实验室趴了3个小时这样子，大家轮换休息。当时我们做的是一个狗粮喂食器。组里建筑系的学生包揽了所有的PPT的制作和模型的制作，做出来的模型特别漂亮；我们计算机的学生就在电脑上编程，电子工程的学生就在那里调试电路。我们这6个人中，4个大一的学生，1个大二的学长和1个大四的学长。刚起步的时候我们什么都不知道，毫无头绪，但一起做下来后感觉收获很大。

罗金洲：你们在项目中编程用的语言是什么？

陈心云：我们用的是Arduino，参与这个项目之前我自己都没有听过。我们组其他人也不懂，大家都是现学的。

罗金洲：那这个经历下来之后你最大的感受是什么？

陈心云：哎呀，题目好难呀！我们的团队合作、贡献思路，都挺好的，大家也很融洽。不过我们组的想法相对于其他的团队就低了一点，这个和见识和经验都有关系吧。后来我们看了其他组的那些产品，他们面向的是小孩的安全保护问题、节水的问题等等，感觉他们的问题比我们要宏大、深远一点哈哈。看看别人的产品、别人的思路也学习到了蛮多东西。

罗金洲：康奈尔还有哪些地方让你挺满意？

陈心云：接下来我讲的这点可能也是很多美国大学都有的特质吧。这边基本上只要你想学好，你就基本上能学好。它会给你各种各样的资源、支持、帮助，特别多，让你学好、生活好。像学术方面，康奈尔有各种各样的学习小组、学习策略中心、教授的Office Hour（办公室时间或值班时间）、助教的Office Hour、网上问答的平台，都能帮助你。生活方面，学校有住宿顾问（Residential Advisor）服务学生。另外，每栋楼会住几个老师，像我们宿舍楼就是每周日学生和这几位老师一起吃饭，感觉蛮好的。你需要哪一方面的帮助，只要你愿意去找。康奈尔一般都会有。

学校各种各样的社团组织都有，你有各种各样的兴趣都可以找到一帮志同道合的朋友。

我感觉冥冥之中我和康奈尔挺投缘的。我来了以后觉得康奈尔工学院真的特别适合我。当然也有可能是我自己的心态导致我有这样的想法。

罗金洲：你目前加入了什么社团呢？

陈心云：我就加入了一个支教的社团。

罗金洲：传说康奈尔的课程难度在常春藤中是属于偏大的，学生的学习压力很大，会不会有让学生进了康奈尔后很难毕业呢？

陈心云：我觉得理论上能进来的一般都可以毕业。我上学期遇到一个研讨会促进员（Workshop Facilitator），他是当时是在康奈尔上第五学年的上学期，相当于4年以后再上一个学期再毕业。他说他自己当年刚来的时候没适应，所以他就去寻求各种各样的帮助，包括我刚才提到的学术策略中心，然后他慢慢地就找到感觉了。他现在学得很好。他分享他的经验时说，**你不能妄自菲薄，不能虚度时间，只要你肯想办法，总是可以毕业的。**他是我遇到过的相当优秀的Workshop Facilitator。

他很有主动性，主动发起了备考研习班（Prelim Workshop），就是那种考试之前的答疑，刚开始只有几个人参加，每一次人都会多一些，最后一次学生坐满了一个中等教室。

罗金洲：Prelim是指什么考试？

陈心云：在我们学校，Prelim是指期末考试（Final）以外的重要考试。比如我们理科课程，像数学、物理这些，一般一学期是两个Prelim，一个Final。有的课可能会多一些Prelim，有的课就没有。这跟课程有关。

> 关于康奈尔的Prelim：At Cornell University, however, the term has been expanded to refer to any examination that is preliminary to the final exam even for undergraduate courses. This usage is used throughout the University, and has become so popular that “prelim” is more commonly used than “test” .（参考维基百科。）

罗金洲：你在康奈尔快一年的时间里，遇到的最大挑战有哪些？

陈心云：我觉得是自我管理。我有时候容易拖延症（Procrastinate），所以大的论文（Paper）或项目（Project）一定要及早开始着手。

罗金洲：对于后来的想要申请康奈尔这类名校的学生，你有哪些建议呢？

陈心云：进入高中后，申请越早开始准备越好：不管是标准化考试的准备、英语能力的准备，还是对申请流程的了解、心态的准备，各方面的准备都要尽早。另外，各方面的资源都要好好利用。我刚开始的时候有一点闭门造车，后来向各方面取经，走得就顺了很多。

罗金洲：你个人觉得中国的本科教育和美国的本科教育有哪些不一样

的地方？

陈心云：我寒假回去跟国内上大学的同学见了面，聊了一些。我感觉国内大学和美国大学在职业规划这方面差别相对大一点。像康奈尔的工学院，在这方面下的功夫挺大的。我刚进来学校就跟我们讲，这个研习班（Workshop）是讲如何做简历的，那个Workshop是讲职业生涯规划的。学校提供各种各样跟毕业以后发展有关的服务；学校的学生服务中心也特别有用。学校官网上也有很多信息，他们会发小册子、杂志，里边有各种简历、求职信、推荐信例文。我们这里的同学一放假基本上都是去找实习。

据我了解，国内的同学放假后一般看书、旅游、准备考研的比较多，这也很好。但是我感觉美国这边找工作的意识普遍更强一些。

我问过我国内的同学，国内大学的教授也会有Office Hour，只是我们很多同学不习惯去。但是美国大学去Office Hour的学生是很多的。

罗金洲：在你看来，为什么美国的本科整体教育质量比中国好？这个话题很大，你只说说你个人角度的观察就好。

陈心云：从我的观察来看，美国大学的硬件设施、管理、教师的水平，是经过一两百年、两三百年逐步积累、进步而来的。美国大学有好的教授，好的教授带出很顶尖的学生，顶尖的学生再接着当顶尖的教授，这样形成良性循环。我们中国也有这样的良性循环，但是我们比美国开始的晚。所以即使我们在很快速、很努力地追赶，但是目前还是会有比较大的差距。

中国大学生和美国大学生的学习能力、思维水平我觉得其实是相当的。

我现在在上运筹学课，教我们这门课的教授是一个荷兰人，他当年在清华还是北大教过一段时间书。他说中国学生太聪明了，他拿研究生级别的课程去教一些中国本科的学生，那些学生都学得非常好。我也感觉身边很多人，包括我同班同学里面很多人都比我聪明，他们现在在北大、清华也学得很好。

罗金洲：还有哪些原因呢？

陈心云：还有，国内的人均资源比美国少很多。**美国资源更丰富，人又相对比中国少，大学里师生比比中国高很多。**设想同样一个很有水平、耐心和责任心的老师，让他教50人的班和让他教15人的班，学生的学习效果肯定不一样。

罗金洲：有一种说法是美国的大学教育是从下了课后或上课之前开始，意思是课外有很多的阅读、预习、作业。你能不能说说你所观察到的美国大学教育的一些特点呢？

陈心云：嗯，先说课外阅读量吧。这跟你学的专业有关系。如果你是文科专业那你阅读量就很大，但是我读理科的课外阅读量就正常：我每门课每周读十到二十页这样子。我知道有不少人，是从来不提前预习教材，就靠上课听讲。但我是从来都是会提前预习教材的。所以课外阅读量跟你上的课有关系，跟你的专业有关系。有些专业，美国大学对学生要求的阅读量不一定会比中国大学的大。不过，我发现美国从小学到高中的阅读量要求比国内小学到高中大很多。

在美国大学，课堂上的学习时间少，每天可能上个三节四节课，每节课50分钟，然后剩下的所有时间都是你自己安排。但是课前课后自己要预习、复习、做Reading还有写作业的时间基本上也可以把所有的空余时间排满了。我上的理科的课程，有的课上课老师就像国内大学的讲座一样，有的学生提前不看书也不预习，光靠听课也可以听懂；有些课，像我这学期学的物理，最好课前要预习；如果是有课前Quiz（小测验）的课，上课时老师就主要是带着大家做题目，讲解一些难点。一些文科方面的课，我们是课前做Reading，然后上课的时候一起讨论。

罗金洲：你在康奈尔的作息一般是怎么安排的？

陈心云：礼拜一到礼拜五的话，我一般是早上7:00起床，有时候可能赖床到7:15，然后抓一个面包，在上学的路上啃。我选的是早上8点开始的课，这么选是想激励自己早睡早起。但是我也知道有的同学选的上午10点或11点的课，这点因人而异。我每天大概三四节课，这些课有的是讲座（Lecture），有的是讨论（Seminar），有的是实验（Lab），主要就是这三种。除了吃饭、上课，其他时间基本上也是在自习。我的理想是每天晚上10:30睡或11:30睡，但有时候也到半夜12点睡。

罗金洲：在美国大学，学生们在三个“S”［学习（Study），社交（Social），睡眠（Sleep）］中只能保两个，所以很多学生选择减少睡眠（Sleep），但你看上去都保住了。

陈心云：**如果你想保证睡眠，你可以少参加点活动**，因为活动都不是必需的嘛，这是一方面。另一方面，因为我觉得我还算蛮认真的，各种各样的作业、预习、复习我都会认真去做。我的实践表明，其实是**可以在保证睡眠的前提下把功课量都做好做全的**。很多学生晚睡不是因为做功课做到这么晚，一般都是因为有活动，或者是玩去了，或者是打工去了。就算是出名的睡觉少的建筑学院，我也知道有学生能保证按正常作息的（建筑系的学生功课量很大，做模型呀、画图呀，确实很花时间。很多建筑系的学生一天睡3小时到6个小时不等）。我的两个室友，一个室友每天都比我早睡，另一个室友比我睡得晚一些。

我还是认为身体第一。我前一阵子接连听到很多噩耗，像我们以前的校长52岁就去世了，还有各种各样英年早逝的人，主要都是因为劳累过度。看了这些新闻之后我就各种胆战心惊，觉得不能睡得太晚了，也不能睡少了。

一般在美国大学的学生们每学期都上四门课或五门课。如果觉得功课太多，那就不要上那么多课，因为上几门课也是自己定的。

罗金洲：听说康奈尔还有爬树课。

陈心云：是有的，我的学姐上过爬树课。我们所有康奈尔的本科生，统一的毕业要求除了各学院要求外，还有两门写作课和两门体育课，再加一个游泳考试要过。

罗金洲：在你看来，美国学生和中国学生平均下来谁更刻苦一些？

陈心云：就我的观察，我没有觉得一定中国学生比美国学生更刻苦。我也没有看出来中国学生里面刻苦的占大多数，或者美国学生里面享受生活的占大多数。我觉得中美学生的勤奋程度是差不多的。

每个人给自己生活中的各项事情排的优先次序不一样。有的人会觉得学习第一，然后会花很多时间学习，我可能就是属于这一种。也有学生认为课外活动第一或生活质量第一，他们不会把自己搞得太累。

罗金洲：你觉得你父母在培养你方面哪些地方做得不错？

陈心云：我觉得他们做得都很不错啊，哈哈。首先我父母很真诚，他们和我的关系特别好。第二，他们俩都比较开明，比较尊重我的意见。我什么都会跟他们讲，包括一些具有争议性的观点或者事情，因为我知道他们不会带着判断（Judgment）去跟我讨论。即便他们会自己会有一定的成见或者是保守的观念，他们能意识到这一点，跟我交流的时候也不会强加于我。还有就是我爸妈很爱我，也能够用合适的方式表达出来。我父母一直把我的快乐和健康放在第一位，这个价值观还是挺重要的。我的家庭氛围很和谐、很和睦。我觉得生长在这样的家庭我很幸运。

拾贝

◆ 在美国打工有一个好处是可以申请美国社会安全号（Social Security Number），这在美国是一种重要的身份证明，可以申请驾照、办信用卡、积累信用记录等等。

◆ 写Essay首先要抛开一些国内常见的作文想法和思路。写申请美国大学的文书，有些像写故事，总体属于讲故事和以小见大这类风格。美国的一些节目主持人，即便是很正式的节目，他们很多也是用轻松风趣的风格来主持。有些申请文书的风格类似这种，也比较成功。

◆ 中国和美国的学生能进入各自国家的一流大学，肯定都是很努力的，只是努力的方向不一样：美国大学录取标准里面除了成绩，还包括了你的各种课外活动、领导才能、志愿者服务等等，但中国大学的录取标准中没有。

◆ 如果用心，选到自己喜欢的课的概率就会大很多。

◆ 我们学校有Make-a-thon，有点像Hack-a-thon，但是它是把工程学院学习硬件、软件的学生、建筑、艺术的学生，还有商科的学生聚集到一起，然后大家一起去解决一个问题——跟跨学科的学生在一起合作感觉收获很大。

◆ 你不能妄自菲薄，不能虚度时间，只要你肯想办法，总是可以毕业的。

◆ 美国大学的硬件设施、管理、教师的水平，是经过一两百年、两三百年逐步积累、进步而来的。美国大学有好的教授，好的教授带出很顶尖的学生，顶尖的学生再接着当顶尖的教授，这样形成良性循环。我们中国也有这样的良性循环，但是我们比美国开始的晚。

◆ 我没有觉得一定中国学生比美国学生更刻苦。我也没有看出来中国学生里面刻苦的占大多数，或者美国学生里面享受生活的占大多数。我觉得中美学生的勤奋程度是差不多的。

◆ 我的父母都比较开明，比较尊重我的意见。我什么都会跟他们讲，包括一些具有争议性的观点或者事情，因为我知道他们不会带着判断（Judgment）去跟我讨论。即便他们会自己会有一定的成见或者是保守的观念，他们能意识到这一点，跟我交流的时候也不会强加于我。

第六章

自律地成长，自由的布朗

——布朗大学学生梁潇访谈录

跳15年芭蕾的经历塑造了梁潇坚韧的个性。这位2010年毕业于深圳外国语学校的女生，随后进入了布朗大学。在布朗，梁潇很享受学校独特的自由教纲（Free Curriculum），自由地选课，最大限度地去探索自己的兴趣和激情。在大三她觉得学习的边际效用在下降的时候，主动选择了再去英国苏富比艺术学院留学一学期。返回布朗时，她已经有了更清晰的目标和方向。对于中美大学教育的差异，梁潇从自己对布朗的教学细节的观察，分享了她的见解。信奉“The people here make your experience different（你周围的人造就你的经历与众不同）”，她一直致力于拓展自己生命的宽度和深度。

罗金洲：梁潇同学，你是什么时候开始你的申请呢？

梁潇：我启动得比较晚。我是在高二暑假决定去美国上大学的，所以当时像考SAT、托福等方面的准备都不是特别充分。高二那年的8月我准备了一个多月后去考了托福。在准备语言和标准化考试全过程中我没有参加校外的培训，基本上都是自己学的。我初中和高中都是在深圳外国语学校，英语基础打得比较好，准备这些考试时主要是在背单词、做往年真题等等。

我在准备托福、SAT期间，也开始在思考Essay（申请文书）怎么写。**这个过程相当于总结一下自己过去几年在校内校外做过一些什么样的活动，有哪些从小到大的经历、活动可以反映我身上的特质。**我大概三四岁的时候开始学跳芭蕾舞，一直到现在我还在跳。我小时候练舞感觉特别苦，但是一直坚持下来，对于磨炼我自己的意志帮助巨大，所以我的Common Personal Essay（注：美国Common Application本科申请系统要求的主文书）就写了练芭蕾这个经历。

从高二暑假到高三上学期，我一边要考学校的平时考、期中考、期末考、各种模考等等，一边同时利用课余的时间准备托福、SAT，一路下来我感觉每天时间都蛮紧张的，算是高强度地完成了申请的很多事情。

罗金洲：你当时申请了哪些学校呢？

梁潇：我REA（Restrictive Early Action）申请了斯坦福，就没有申请其他的EA（Early Action）和ED（Early Decision）。但是斯坦福没有录我。后来在RD（Regular Decision）阶段，我申请了八九所。大致分三个梯度，保底的学校有三四所，然后中间比较贴近自己能力和水平的有三到四所，最后冲刺的有两三所。这些学校有伊利诺伊大学香槟分校、弗吉尼亚大学、北卡州立大学教堂山分校、加州大学伯克利分校、加州大学洛杉矶分校，埃默里，再排名往上是布朗、华盛顿大学圣路易斯和哈佛等。

> Restrictive Early Action（REA），即“限制性早期行动”，是一种比较特殊的EA，只有少量学校采用，如斯坦福等。申请者只能以REA方式申请一所学校，且不能再以其他任何早期申请方式申请其他私立学校，但可以以早期申请申请其他公立学校和以RD方式申请其他学校。
>
> Single-Choice Early Action（SCEA），即“唯一选择早期行动”，本质其实和REA一样，2011年以前只有耶鲁、杜兰大学等少数学校在用。2011年2月，哈佛和普林斯顿也重新启用了SCEA。
>
> Early Action（EA），即“早期行动”。申请者可同时以EA方式申请多所学校。EA通常是Non-binding（无约束力的）的。Non-binding的含义是，如果被录取，学生可以接受这份录取，也有权利拒绝。
>
> Early Decision（ED），即“早期决定”。ED通常是Binding（有约束力的）的。这里Binding的含义是，如果被录取，学生一般只能接受录取，不能拒绝。

罗金洲：申请中你遇到的最大挑战是什么？

梁潇：应该是文书写作。虽然GPA、托福、SAT都很重要，但是文书是展现你个人性格、特质最好的一个平台，所以我对于要写什么题材、如何写，思考了特别久。我们一起申请美国大学的一帮朋友们有一个自己的小圈子，大家会开玩笑说，感觉申请了之后对自己本身有一个更深刻、更清醒的认识。**因为在写文书的时候需要回头看一下自己的人生，一定要对自己有很深入的了解，所以我常常在深夜的时候坐在书桌前痛苦地思考——“我自己到底是一个什么样的人？”**

罗金洲：思考之后，你写了跳芭蕾的经历。为什么你觉得这个题材比

其他题材都要好呢？

梁潇：其实我思考了两三个备选的题材。准备这两三个题材是一个很长的过程。在这个过程中要对自己做很深刻的剖析。我觉得这是最难、最关键的一步。有了好的题材后，怎么写难度其实不是很大。

我选择这个题材，是因为跳芭蕾对我性格的培养和影响是最大的。我高中也参加了很多的活动呀，比如说服装社、弹钢琴等等，这些都是很锻炼我的领导能力和沟通能力的。但是芭蕾最适合用来展示我的性格。我从三四岁就开始跳，一直到18岁还在跳。我坚持了15年。跳芭蕾很辛苦，有时候甚至非常痛苦，但我都坚持下来了。我以跳芭蕾为主线，然后中间穿插了一些小细节、小故事，比如曾经有一段时间，我穿足尖鞋，跳得脚趾甲都脱落了，特别痛，但是我对自己说，既然选择了继续跳下去，就必须要忍住痛、坚持跳。跳芭蕾的经历培养了我非常坚韧的性格。这种性格不止让我在跳舞方面有很多发展，也让我运用到人生各个不同的方面。

我希望通过这样一篇文书告诉我申请的大学，我是怎么成长起来的，我是什么样的性格。大学希望你写的故事能反映你一个怎样的人，你的性格、思维、特点。它注重文书内容胜过注重文采。

罗金洲：我和你有同感。中国的高考作文，大部分情况主要是考察“文”本身，以“文”察“文”，而不是作者本人的性格和品质。但美国大学的申请文书大部分是“人”“文”合一的，文书需要反映作者这个人的个性特质。美国大学的以“文”察“人”，在选拔人才这个维度上可能更科学一些。

梁潇：是这样。

罗金洲：你当时有没有考AP呢？

梁潇：我自学和考了AP的微积分、统计和物理。

罗金洲：最后在所有录取你的学校中你选择了布朗，除了它是常春藤，还有别的原因吗？

梁潇：我个人在申请学校方面不会像漫天撒网那样投很多。我会先做Research（调查研究），再来决定要申请哪些学校。我所有申请的学校都是我觉得学校的氛围、设施、校风或者某一个专业特别让我感兴趣的。

布朗大学的课程体系是自由教纲（Free Curriculum）（注：常被称为Brown Curriculum或Open Curriculum）。和其他种类的课程体系相比，Free Curriculum有一个很大的特点就是没有必修课，学生可以充分地探索自己的兴趣。这和美国的博雅教育（Liberal Arts Education）是相呼应的。其他常春藤大学可能相对于我们学校来说气氛更加严谨。我们学校是常春藤盟校里学生最快乐的学校，因为这里选课更自由，学习压力也没有其他常春藤那么大。Free Curriculum可以让我们充分利用这四年的机会去学自己除了专业课以外其他感兴趣的课程，我觉得这是布朗很有价值的一点。

> 布朗大学简介Open Curriculum起源：In 1850, Brown's fourth president, Francis Wayland, argued that students should have greater freedom in pursuing a higher education, so that each would be able to "study what he chose, all that he chose, and nothing but what he chose." A century later, this vision became the basis for a new approach to general education at Brown: the open curriculum.

我是Free Curriculum的获益者。因为刚进来时我对于自己想学什么还不是特别清晰，只是有一个大概的方向，最开始是想学数学大类，但是具体什么专业还不是很清晰。在布朗，我通过Free Curriculum给我们自由选课的机会探索到了自己真正的兴趣和热情在哪里。

罗金洲：你现在在布朗是大四，那你对大学生活体验应该非常深刻了，能分享一些你在布朗的想法和经历吗？

梁潇：其实我在布朗的每一天都是不一样的，这正是在美国读大学非常令人兴奋的一点。我们在每个学期最开始会选好课，课选好了，我在这个学期的日程大体上就决定了。在两节课之间的空档，我会做阅读材料（Reading），写作业，有时候会有社团或者其他课外活动的会议，还有一些课程Session，就是拿来作课后的补充讲解或者讲解作业等等。剩下时间就是跟朋友聚一聚吃吃饭什么的。

罗金洲：熬夜看书或写作业的时候多吗？

梁潇：就算是在布朗这个这么"轻松快乐"的学习氛围下，我们的学习还是非常紧张的。这点可能和国内一些大学区别较大。有一个学期我选了五门课，其中三到四门都是课业特别重的。我就感觉每天都需要把时间排得特别满。有时候，我吃午饭的时间会被压缩到11:00 ~ 11:15这样子！这非常考验我的时间管理能力。

每一门课老师所教授的内容非常多。有时一门课会用几本教材，课外阅读量也大。所以你一定要时刻跟着老师的节奏、步骤踏实地去走。想只靠考前突击来拿高分基本上是很难行得通的。我感觉每天都会很充实地在学习、收获知识；学习到深夜一两点是非常正常的事情。到了期中考试（Midterm）的时候——像我下周就有三门课要考Midterm——我可能就会每天学得更晚一点，一般是凌晨两到三点。那时候我们学校的图书馆基本上都是满的，大家都在那儿学习。

罗金洲：我一直对中美教育差异这个话题很感兴趣。从一个微观切面来说，中国大学上课的方式是讲授型（Lecture）为主，而其实美国大学Lecture也是主流，但是为什么教学品质会有比较大的差异呢？你觉得美国大学老师的授课方式以及他们与学生互动的方式有哪些值得我们国内学习的地方？

梁潇：我对国内大学老师的授课方式不是很了解，那就说说我在布朗的情况吧。我们这边经济课确实也是两三百人的大班，但是教授备课很充分，讲起来能激发学生兴趣，充满了睿智的见解，学生能感受到教授非常热爱他所教授的知识。老师讲课时手上基本上是不会拿书的，比如在我们经济学课上，老师放幻灯片，会有一些图啊，文字会很少，老师主要做的就是讲解，和学生互动。这样提高了老师现场口头讲课内容的重要性：重要的原理、解释没有放在幻灯片上，需要老师现场讲出来，这也督促学生自己上课的时候要非常认真去听，因为如果你不认真听老师在讲什么，光看那个表，你也不知道那个图或表所表达的意义是什么。

就算课堂再大，像两三百人的课堂，学生要是有问题也可以随时问老师。有些学生坐在教室的二楼，特别远，老师看到学生举手也一定会让他问问题。这种教师和学生之间平等、自由互动也可以激发学生学习的上进心和动力。老师非常鼓励你去用另外一个角度思考问题，提出问题，有时候学生提出可能教授自己也没有想到的一些角度，教授会非常鼓励，会觉得这是很好的带动其他学生去思考、讨论和学习的机会。

我个人一直认为中国人是非常聪明的一个族群。国内有很多非常优秀的人才，有可能很多做科研的教授本身比美国的教授更聪明或者学术成就更高，所以这里面的差距很难讲。很多老师可能很善于做科研，或者自己本身的个人学术成就很高，但是如果他自己不知道怎么样用最好的方式来让学生最高效地学到知识，对学生来说其实也是没有用的。**美国高校在选拔老师的时候，既要求他有很高的学术造诣，有很高的科研能力，并且有一定的成果，也非常看重老师是否能够有效地进行教学。**

罗金洲：布朗最让你心怀感激的地方是什么？

梁潇：第一点，一定是我刚刚说的自由教纲（Free Curriculum）。我现在的专业其实是经济和艺术史双专业。我来布朗前连艺术史是什么都没听过，是因为这里这种独特的课程选课系统，我才在大二的时候上了一节艺术史入门的课，在那一节课我发现了自己的兴趣和热情所在，所以从此踏上了艺术史的道路。很多人上这门课都觉得特别难，我就觉得上得还蛮轻松的，而且感觉很容易能拿到不错的成绩。我现在对这个专业非常感兴趣，考虑未来职业是做艺术史相关的工作。**假设我是在另外一所学校，我可能就没有这么多的机会去探索我的兴趣。这是我最感激布朗的地方。**

第二点，布朗可以利用的资源特别多，不光是学术资源，还有职业发展、心理辅导等等方面的资源。这一点可能不仅限于布朗吧，很多美国大学都具备。比如我们学校的职业规划中心有非常多的研习班（Workshop），比如说面试研习班（Interview Workshop）、简历研习班（Resume Workshop）。你预约了职业规划指导老师，他们会给你一些个人职业规划和发展的建议。

第三点，**布朗的学生头脑特别开放，**这可能和我们的Free Curriculum有关，也和学校国际学生来自很多国家有关。我们这一届的中国本科生大约15人，不算太多。你每天接触的都是特别不同的人、不同的文化，所以会让你的视野变得非常开阔。

上大学，师资、课程本身是很重要，但是你所接触到的同学也非常重要。有一种说法，**你在哈佛上的课并不比布朗的课高级，在哈佛学到的专业知识也不比布朗学的专业知识更多，但是你在哈佛接触的未来领导者更多。**

罗金洲：你有再到第三国学习或交换的经历吗？

梁潇：有的，我大三下学期去了英国伦敦的苏富比艺术学院。

罗金洲：可否展开说说？

梁潇：伦敦的艺术氛围特别好。我在那儿待了没两天就非常喜欢这个城市，也在想将来有机会去那边找工作。英国的文化跟美国截然不同：英国历史比美国悠久，人文积淀更深厚；美国由于经济、科技发展迅猛，人们会比较“浮躁”一些，有一种“快文化”，追求快节奏；英国则是“慢文化”，生活节奏慢一些，人们也显得“稳重”一些。

苏富比艺术学院也有很多国际生，这一点和布朗很像。我从中国到美国已经是出国留学了，这次从美国再去英国相当于“再留学”了一次。这样，我既感受到了中国跟美国有什么不同，也感受到了英国跟美国、中国有什么不同，开阔了我的视野，也给我更多的选择。经历了这些我更明白什么是我想要的，什么样的资源是我将来可以利用的。

我在苏富比艺术学院参加的这个项目叫艺术和商业一学期项目（Art

and Business Semester Program）。在这一个学期我学到了很多知识。我们去博物馆啊、画廊啊、艺术品拍卖行啊，认识了一些非常有能力、有独到见解的人。现在我回到美国了，我还是有跟他们联系。尽管有一些人在英国工作，他们在纽约有分部的话也会帮我拓展一些机会等等，所以这一个非常好的经历。

罗金洲：你在苏富比艺术学院修了哪些课程呢？

梁潇：这一学期的课程注重艺术和商业（Art and Business）。我学了艺术史、现代艺术（讲莫奈、毕加索等画家），学习了拍卖行运作、关于艺术的法律等。总结起来，我们一方面是学习怎样欣赏艺术品以及评估它们的艺术价值，另一方面是评估和实现它们的商业价值。

罗金洲：你在苏富比也是经常学到深夜一两点吗？

梁潇：哈哈，那边轻松很多。在苏富比的那个学期对我来说就像在"半度假"。

罗金洲：你在苏富比的学分布朗认可吗？

梁潇：其实是不认的。我们学校很多学生会直接去国际项目办公室去找他们自己感兴趣的项目。但是，我去了后没有发现自己感兴趣的项目，所以我就自己在网上找项目自己申请、面试，拿到录取信后自己去伦敦上的。

罗金洲：这相当于你在布朗延迟了一个学期。

梁潇：对。当时我在布朗遇到了一个瓶颈期。到第三年的时候，我发现我学习的边际效用（Marginal Utility）比较低，我有些迷茫，所以我希望能换个环境，重新调整一下自己的心态，看看自己到底想要什么。我去苏富比读了之后回来感觉目标更明确，比去之前的状态好很多。

罗金洲：你这种操作我是第一次见到。留学生再去第三国留学一般是上校际交换合作项目，但你另辟蹊径，自己请求延期，自己再单独申请新学校，在布朗不认可对方学分的情况下你依然去学，主动性和魄力都很好。

梁潇：我觉得再去另外一个国家留学是一个很重要的决定。我不希望上一个我不喜欢或不适合我的学校。我本身的决心很大，不管布朗认不认我在苏富比艺术学院的学分，这都是我非常想去的一个项目。很多人说你这样做推迟毕业了啊，又多交了学费啊，但是我发现在伦敦那一个学期学到的东西，还有接触到的各种机会、资源、人脉都是非常珍贵的，我认为这一趟很值得。我在苏富比艺术学院的同学们有很多都已经是四十多岁的商人，很多人都已经工作或创业很多年，我是其中年龄最小的。从他们身上我学到了很多从同龄人身上学不到的东西。

罗金洲：你当时申请布朗的时候有过面试吗？

梁潇：有的，我是去香港面试的。

罗金洲：这比较少见，可以分享一下你的面试经过吗？

梁潇：我们在邮件里沟通面试的时候，是在2010年1月份，当时我正在美国参加哈佛的模拟联合国活动。我收到了来自布朗面试官的邮件，对我说，看你什么时间有空，来我公司楼下咖啡厅坐一坐，聊一聊。我们商量了很久，定了我从美国回中国后的第二天面试。是刚回来、特别累的时候，我就去香港参加面试了。

我们约的是下午1点左右，我在咖啡厅等了一会他就下来了。整体感觉聊得很轻松，不是特别拘谨，没有什么面试的那种感觉。他也只是想了解一下我是一个什么样的人、我的个性，所以我觉得面试是非常轻松、非正式会谈的（Conversational），不是他一直问问题然后我一直在回答，而是像两个人在聊天一样。他问了一些我平常参加哪些课外活动，还有我为什么对布朗感兴趣等等问题，后面我们还聊了聊他在布朗的一些经历。我们一共聊了大概有一个半小时吧。

罗金洲：这在录取面试中算很长了。

梁潇：算长的。因为两个人都比较能说，哈哈，不知不觉就聊了一个半小时。

罗金洲：面试中有没有哪个话题是你觉得棘手的？

梁潇：感觉整个面试下来还挺流畅的，没有让我觉得哪个问题很难回答。

罗金洲：除了布朗，还有哪些学校面试你了？

梁潇：我还去香港面试了埃默里大学（Emory）和范德堡大学（Vanderbilt）。

罗金洲：这两个面试哪个让你印象更深？

梁潇：应该是范德堡的吧。是一位50多岁的校友面试我，跟他面谈的时候感觉节奏很慢，主要是他在问问题，不是很Conversational。虽然我也很主动问了他一些问题，他答得也比较简洁。

罗金洲：你前面说在参加布朗面试的前几天还在哈佛参加模联，你是如何获得这个机会的？

梁潇：国内有一家机构叫蔚蓝国际，他们派代表来我们高中选拔学生参加哈佛模联。当时我在读高二。面试一共两轮。第一轮在一个会议厅里，我们所有去面试的人分成20人一组，现场给我们一个议题，让我们模拟群体开会的场景，每个人用英文讲出自己的观点。怎么样在20个人的情况下争取到说话的机会已经是很难得了，争取到机会后，发言还要思路清晰、有说服力。我记得大家争得很激烈。最后这家机构在我们学校选了7个人去哈佛参加模联。

罗金洲：你觉得模联带给你最大的收获是什么？

梁潇：我觉得有两个方面：**一方面是锻炼了英语**。我们了解当今世界热门的议题是什么，然后用英文来思考、写作、口头表达。即使是在我原来的高中这样的外国语学校（虽然已经比其他学校好很多了），这样沉浸式、高强度地锻炼英文的机会还是不太多。**另一方面是，我通过模联这个平台认识了很多志同道合的朋友，认识了很多国内其他地方的优秀人才，从他们身上看到了不同的视角、思维方式，还有他们身上的各种优点。这些都值得我学习。**

罗金洲：在高中阶段，你除了参加模联之外，还参加了哪些你自己觉得比较值得一说的活动呢？

梁潇：我高中的时候在学校参加的活动太多了。我是学校舞蹈队的，此外我和一位朋友还自己创建了一个服装设计社。它既满足了我那位朋友喜欢画画和设计的爱好，也锻炼了我商业方面的能力。

罗金洲：你们大概是在哪一年创立的这个社团？

梁潇：我们高一的下学期。其实创建社团本身并不难，因为我们有经费。我朋友找到了一个投资人，她赞助我们资金。学校觉得既然经费的问题你都能解决，那剩下的你就都自己去解决吧，所以比较支持我们。但是我们成立这个社团以后，怎么去宣传和发展这个社团花了很长时间、动了很多脑筋。我的朋友管设计，她就到处招揽很会画画、会设计的同学们加入；我是管模特部和宣传部的，就举办了一些海选模特之类的活动。到高二的时候我们有很多学员已经设计出来很多衣服了。

罗金洲：是设计稿还是成衣？

梁潇：是成衣。他们自己画设计稿、自己买布、自己裁、缝，全程都是自己手工做。

罗金洲：这很了不起。

梁潇：刚开始大家只是画设计稿。我朋友每周在校外请缝纫老师来给成员上缝纫课。大家上了一段时间缝纫课后有了再进一步的想法——自己来裁剪、缝制衣服。

大家做好自己设计的服装后觉得还不错，所以我们就在学校的社团日展示我们的“产品”，用比较优惠的价格义卖。收入的钱我们拿去捐给慈善机构了。

在校外，我们也去深圳音乐厅旁边的广场摆摊卖过。当时深圳很多高中都没有这样的社团，所以人们觉得我们的做法很新颖，他们看到以后也愿意花一点钱来支持一下学生的作品，所以当时我们在校外卖了挺多的“产品”。

罗金洲：你还参加过哪些活动呢?

梁潇：我当时还是学校广播站的，因为我自己一直比较喜欢播音、主持这方面的活动。我每周会有两天，早晚会播读一些校园新闻、国内国际新闻等等。我也喜欢弹钢琴。我们学校每年艺术节的时候会举办中外音乐演奏会，我每年也在会上演奏。

罗金洲：你大概几岁开始练琴呢?

梁潇：大概四岁的时候。我小时候不是很愿意学这种东西，当时有很多抱怨。但是长大以后我真的觉得学琴对我帮助蛮大的：**除了培养气质，我觉得我的思考能力也变好了。左手弹琴锻炼我的右脑，右手弹琴锻炼我的左脑，促进左右脑协调，**哈哈。我一直以来数学都很好，我觉得这和我弹钢琴是有微妙关系的。

罗金洲：最初学琴的时候主要是父母的引导和安排，那他们是否有逼你去弹琴的经历?

梁潇：我妈妈曾经逼过我弹琴；我爸爸在我从小到大都是让我不要太辛苦。

罗金洲：那你家是严母慈父啊。

梁潇：是是是，所以我们家非常平衡。我家要是严母严父我可能就已经疯掉了，哈哈。

罗金洲：可否先说说你妈妈是如何教育你的呢？

梁潇：其实从我身上可以看到我妈的影子。就像我现在会自己主动去申请一些外面的项目一样，我妈当年也是自己主动寄信给研究生院的导师，寻找、争取发展的机会。我妈妈从一个小城市考上大学，后来又读了研究生，毕业后来深圳发展。当时她的同龄人中像她这样做的情况还是不多的。

她特别重视对我的教育，所以在我很小的时候她就注重培养我全方位的能力。据我妈说，我小时候性格是非常内向的（虽然我现在完全看不出来，哈哈）。她不希望因为我内向的性格影响我将来人生的道路和发展，所以她选择让我去学舞蹈和钢琴。她希望我有很多在众人面前表演的机会和能力，这样可以逐渐锻炼我的胆量，也可以让我学会怎么更好地展现自己。

我有很多朋友现在聊起来也说，哎呀我小时候也弹钢琴，也跳过舞，但是很多都是学了两三年、三四年就半途而废了。其实，我学舞蹈学到八九岁的时候也遇到瓶颈，不想练下去，是我妈不断鼓励我，让我一直坚持下去，一直到现在。因为要学很多技能，所以我从小时间表就排得很满。虽然这让我比同龄人玩耍的时间少很多，但现在回过头来看，我对于管理时间方面有这么强的能力，跟我小时候的这些经历是分不开的。我很感激我妈妈。

罗金洲：有很多学生都有拖延症，你有什么建议给他们呢？

梁潇：我觉得每个人都一定程度上有拖延症，我也有。但是怎么在意识到自己有拖延症后马上改变，尽量安排好自己的时间，这才是重要的。

罗金洲：你妈妈有没有哪些教育方法、诀窍或原则让你觉得，“如果我将来做了一个母亲，我也会这样教育我的孩子”？

梁潇：我成长的环境可能和很多家庭都不一样。我爸妈都把成绩看得比较淡。我在家里从来没有受到任何关于排名、分数方面的压力。但就是在这样一种比较轻松的环境下，我从小到大在班级里面都是前三名的样子。可能我的压力都是我自己给的，哈哈。就像现在我来美国读书，美国时间半夜3点的时候给我妈妈发微信，我妈妈问我，“怎么还不睡？”我说明天有一个考试，我妈就说，“你拿到B（注：约百分制的80—89分）就行了，不要太累。”我父母对我课内成绩看得不是那么重，他们更看重我全面发展的能力。

罗金洲：虽然你母亲这样说，但是你自己还是会努力去追求A。

梁潇：对，所以说**对孩子用哪一种教育方法，还是要看孩子本身的特点。没有一种教育方法适用所有的孩子。**虽然我妈妈曾经逼我练琴，但是在学习成绩方面，我妈妈和爸爸一样，一直是叮嘱我不要太累，不要对自己要求过高。但我自己是属于自尊心特别强的那种孩子，一直想证明我自己很优秀。

罗金洲：你妈妈在弹钢琴和跳舞这方面会鼓励你甚至逼着你坚持，在学习方面又让你不要太累，她是怎么做到这两点的统一的呢？

梁潇：我妈妈希望我在学习方面尽了自己最大努力就好，但不要去拼命，特别不要拿身体去拼命。他们关注的是我是否尽力，而不是是否拿到90分、100分或者第一名、第二名。如果我跟我妈妈说我只考了30分，但是我已经很用功地去学了，我妈妈会觉得这个也可以接受。

罗金洲：有些父母是“结果导向”，孩子努力也好，不努力也好，能考高分我就满意，考了低分就不满意。有些父母则是“努力导向”，而是看他的孩子是不是在努力，是不是一直在追求上进，如果是，即使没得高分，就是值得和应该鼓励的。

梁潇：我父母应该是“努力导向”的。他们也会让我注意努力的“度”。

罗金洲：刚才讲了你妈妈，那你爸爸在教育你方面，你觉得有哪些地方做得比较好？

梁潇：在我们家我妈是起主导作用的。她对我比较严格，在培养我的综合能力方面会比较上心。我爸是常年给我减压的那一方，希望我开心就好。我做一些决定时，我爸爸会说，如果你是慎重考虑利弊之后做的决定，那你就去做，但如果只是为了让自己开心，又没有思考过利弊，那你就不能做。我学什么专业父母都没有干涉我，都是我自己做主。

罗金洲：现在回过头来看，你申请成功的最重要的经验有哪些？

梁潇：我个人觉得，首先是我参加了很多的活动。美国大学希望看到一个活生生的、很立体的人物形象，而不是只有好的成绩。我申请的时候，我的“活动纸”（注：活动列表）是满满的，可以看出我兴趣很广泛；这些活动可以体现我多方面的能力。

其次，我学习成绩很好。就算参加的课外活动再多、再全面，学习成绩不好也是不行的。

第三，要让招生官看到你确实很用心地做了很多功课，可以从你的申请文书里读到你对申请的大学的真正热情。当时布朗有篇文书的题目是“Why Brown?”（你为什么选择布朗？）我是做了很深入的调查，查了很多的文献资料，最后写成的。

罗金洲：假设现在有一群即将踏入布朗的学弟学妹，你和他们开一个小分享会，作为学姐，你会给他们哪些建议，让他们在未来回首这四年时会庆幸自己是这么度过的？

梁潇：首先我会建议他们充分利用布朗自由的课程系统和学术氛围，多上一些不同系不同专业的课程，充分探索自己的兴趣和热情。第二，充分利用学校提供的各种资源，把学费“挣”回来，哈哈。第三，多参加活动，多结识新朋友。The people here make your experience different（你周围的人造就你的经历与众不同）。虽然大学的学业都很紧张，但是你也要让自己在有限的时间里多参加各种活动，主动拓展自己的人脉。

罗金洲：很多新生对如何选课比较困惑，你有什么建议吗？

梁潇：刚进校的时候，学校会分配一位学业顾问（Academic Advisor）

来指导你。他会找你谈话，问你的学术兴趣，然后根据和你的谈话内容推荐合适的课程给你。此外，也可以多和学长学姐交流，问问他们有哪些比较好的课、比较好的教授。我大一上了一门戏剧表演课（这门课只接受大一新生）。其实我当时不知道有这门课，是很偶然和一个学姐聊天的时候她告诉我的，我去上了以后发现特别喜欢。

罗金洲：很高兴你和我们分享这些宝贵的经历和心得。在布朗的四年就快过去了，祝你未来学业有成，也祝你下周Midterm考试顺利！

梁潇：谢谢你！

拾贝

- 写申请文书的这个过程相当于总结一下自己过去几年在校内校外做过一些什么样的活动，有哪些从小到大的经历、活动可以反映我身上的特质。

- 写文书的时候需要回头看一下自己的人生，一定要对自己有很深入的了解，所以我常常在深夜的时候坐在书桌前痛苦地思考——“我自己到底是一个什么样的人？”

- 我希望通过这样一篇文书告诉我申请的大学，我是怎么成长起来的，我是什么样的性格。大学希望你写的故事能反映你一个怎样的人，你的性格、思维、特点。它注重文书内容胜过注重文采。

- 布朗大学的课程体系是自由教纲（Free Curriculum）（注：常被称为Brown Curriculum或Open Curriculum）。和其他种类的课程体系相比，Free Curriculum有一个很大的特点就是没有必修课，学生可以充分地探索自己的兴趣。

- 每一门课老师所教授的内容非常多。有时一门课会用几本教材，课外阅读量也大。所以你一定要时刻跟着老师的节奏、步骤踏实地去走。想只靠考前突击来拿高分基本上是很难行得通的。

- 老师讲课时手上基本上是不会拿书的，比如在我们经济学课上，老师放幻灯片，会有一些图啊，文字会很少，老师主要做的就是讲解，和学生互动。这样提高了老师现场口头讲课内容的重要性。

- 就算课堂再大，像两三百人的课堂，学生要是有问题也可以随时问老师。
- 美国高校在选拔老师的时候，既要求他有很高的学术造诣，有很高的科研能力，并且有一定的成果，也非常看重老师是否能够有效地进行教学。

- 你在哈佛上的课并不比布朗的课高级，在哈佛学到的专业知识也不比布朗学的专业知识更多，但是你在哈佛接触的未来领导者更多。

- 我真的觉得学琴对我帮助蛮大的：除了培养气质，我觉得我的思考能力也变好了。

- 我母亲特别重视对我的教育，我小时候性格是非常内向的（虽然我现在完全看不出来哈哈）。她不希望因为我内向的性格影响我将来人生的道路和发展，所以她选择让我去学舞蹈和钢琴。

- 对孩子用哪一种教育方法，还是要看孩子本身的特点。没有一种教育方法适用所有的孩子。

- 他们关注的是我是否尽力，而不是是否拿到90分、100分或者第一名第二名。如果我跟我妈妈说我只考了30分，但是我已经很用功地去学了，我妈妈会觉得这个也可以接受。

第七章

三学士、双博士：我的生物医学梦

——哥伦比亚大学学生李昂访谈录

李昂在人大附中读高中的时候，看见同学们在准备出国时才产生出国的念头。而他走上这条路后，却比很多同学都走得更远、更精彩。他被全美最好的文理学院威廉姆斯录取，在四年间获得了三个本科学位，随后进入哥伦比亚就读临床医学和医学研究双博士。在访谈中，李昂对纯粹的知识——不论是数学、化学、生物还是其他学科——的好奇心扑面而来。赤子的好奇心引领他一步一步不断走向一个个更广阔的世界，点亮他一个又一个梦想。“如果一个人做任何事情都全力以赴的话，那这个人活着就像一个长了金毛的狮子”，李昂如是。

这是李昂的世界。

罗金洲：你大概是什么时候开始起有要去国外读书的念头？

李昂：我高中是在北京的人大附中。高一的时候，周围有同学在准备托福、SAT，准备出国，这个氛围影响了我。他们讨论出国的话题时，我就想："我有没有这个可能性？"所以那时候也开始动脑筋。

我记得我是高二上学期的11月考的托福，之后开始准备SAT。我在高三上学期的10月考了SAT 1，12月考了SAT 2。我的申请文书是在高二结束的那个暑假完成了大部分。当初申请的时候参加了新东方的一个研习班（Workshop），大家一起申请，一起奋斗，这个氛围很好。

罗金洲：除了托福、SAT之外，你还做过其他一些为了去国外读书而做的准备吗？

李昂：其实当时有一个活动，但也不是刻意为了出国而准备的，是在高一的时候，我竞选了人大附中志愿团成员，我选上了。我第一年是志愿团成员，第二年是团长。我组织志愿团成员排练节目，去北京海淀区的四季青敬老院为老人进行表演；我们和清华大学的志愿者们一起，去北京的太阳村（那儿是监狱服刑人员的子女聚居地），我们带那些服刑人员的子女们去中国科技馆参观；2008年北京要开奥运会前，我们志愿团做了一些宣传奥运会的活动等类似这样的一些活动。

罗金洲：人大附中是中国最好的高中之一，你觉得在人大附中学习的这6年，对你的留学申请有哪些积极帮助呢？

李昂：因为我从小学习数学竞赛，小学考进了人大附中的华罗庚学校，就这样进了人大附中。我进入人大附中后在第一实验班。我们这个班学习环境特别好，班里学生都很健康向上，努力学习。当时班里有些同学在高一就努力学托福和SAT，准备留学申请。这个氛围也带动我产生出国的念头。要不然，那个时候我也不会想到出国。当时我也和同学们一块去上新东方的托福班。大家共同学习、共同努力、互相鼓励。这个环境对我留学非常有促进作用。

罗金洲：你能讲讲你在人大附中的6年是怎么度过的吗？

李昂：我的高中生活和很多其他同学很相似。在人大附中，因为我是在第一实验班，所以我会参加数学、化学、生物等各种竞赛。别的班我不太了解，但至少我们班学习氛围特别好：大家比学习能力，比上进心，比勤奋，比综合能力，没有歪风邪气，风气非常正。虽然我们学习很紧张，但是人际氛围比较轻松。

我们学校领导和老师大多数都是非常开明的。我们上课的氛围也特别活跃，老师和学生很融洽，没有那种高高在上的感觉。老师们给我们很大自由，让我们自己安排自己的学习和活动。学校领导和老师们没有觉得这些课外活动会影响学习，对我们的活动非常鼓励和支持。在这样的氛围下，我们都积极参加学校的各种社团活动。整个校园的风气很活泼。

罗金洲：假设你乘时光机器回到过去，再次度过你的三年高中，你会坚持原来的哪些做法？改变原来的哪些做法？

李昂：我觉得我当时大多数地方做得都挺对的，哈哈。那我就重点说说需要改进的地方吧。

第一，我当时准备申请的时间比较紧张。尤其是高三上学期，我需要一边准备SAT，一边处理申请表格和各种申请材料，但我又不能确保100%能成功申请到国外大学，所以我也在同步准备高考。高三上学期我还在准备全国高中生物联赛，如果我得了全国一等奖，可以获得高考保送生资格。高考、SAT、托福、竞赛这四件事情都挤在一起，让我的高三非常非常紧张。**如果我再做一次申请，我会更早准备留学考试，比如在高二就把托福和SAT先考出来，这样高三上学期——也就是提交申请的高峰期——的时间会宽松一些，申请的效果也会更好。**

第二，2007年时，中国来美国上本科的人不是很多。我本来想找一些已经在美国上本科的学长学姐请教一下，有什么申请方面的经验和教训，可以学习一下。但当时一方面在美国读本科的人不多，另一方面当时资讯不那么发达，而且我时间太紧，临时要申请了才匆匆忙忙开始找学长学姐，当时没有找到，我也没有什么前人的经验可以遵循。我现在想来，**如果当时能找一个已经申请成功的前辈请教一下，会对我的申请非常有帮助，至少会少走一些弯路。**现在情况好多了，有更多的人来美国读书，网上这方面资讯异常丰富，找起来很方便。而且像您写这样一本书，也是为国内的学生提供了更多的信息。

罗金洲：你参加的竞赛、获得的奖项比较多，比如全国高中生物联赛一等奖、全国高中数学联赛二等奖、全国高中物理联赛二等奖。你在数学、物理、生物竞赛上全面开花，都取得了很棒的成绩，能分享一些你在竞赛方面的经验吗？

李昂：因为我从小对数学就非常感兴趣，从小学时候起就参加各类数学竞赛，所以就一直这样学下去。后来到了初中高中，学的科目越来越多，我发现除了数学，还有物理、化学、生物，这些学科都非常有意思，甚至比数学更有意思。我就开始探索其他学科，也开始参加这些学科的竞赛。

我在初中开始学化学的时候，发现化学很有意思，就把高中化学书买了在家里自学。书里有好多实验，我想："这里面好多实验我在家里也可以做啊！"（注：读者请勿简单模仿）我看到书里讲到电解溶液的实验，很兴奋，就决定动手试一试。我把我们家里的步步高复读机的电源线插口插到水里，再撒点盐，通上电，盐水溶液就分解出氯气，弄得整个家里弥漫着氯气味，我爸爸都开始打喷嚏了！

高一有生物课之后，我觉得生物是最吸引我的。我开始深入地学习生物，并专门上了生物方面的培训班，开始准备生物方面的竞赛。当时人大附中有位生物老师指导我生物竞赛的课程，我觉得学起来非常有意思。

罗金洲：你觉得生物哪些地方特别吸引你？

李昂：它比较形象直观。因为数学和生物相当于是理科的两个极端嘛：数学很抽象，但是生物就很具体，比如说你能看到这个细胞、那个器官，是看得见摸得着的。我对生物的兴趣更大。

高一的暑假，当时我也在准备全国高中生物竞赛，需要用好多参考书，我想办法去买了、借了，又去我们高中图书馆借。我们学校图书馆当时规定一个学生只能借4本，所以我动员了我们班十个同学，让他们帮我去借生物书，每人借4本，差不多把学校图书馆关于生物方面的书都借回去了。生物学有十几个领域，比如脊椎动物学、无脊椎动物学、植物学、生理学之类。每个领域，我们学校图书馆有两三本专著或大学教材，这样我就把这十几个生物的细分领域的书都借到了。我把这四十本书扛回家，整个暑假在家里狂看。那个暑假收获非常大。

罗金洲：你当时在选择美国学校的时候，主要是根据什么标准或原则在选？

李昂：我当时申请的时候，主要是东海岸一些知名的大学。当时所有的学校我都申请了奖学金。威廉姆斯的政策是Need-blind，给了我全奖。整个申请过程中我觉得运气还是挺重要的。

Need-blind（与经济需求无关的）。Need-blind admission is a term used in the United States denoting a college admission policy in which the admitting institution does not consider an applicant's financial situation when deciding admission.（参考维基百科）

Need-blind是部分美国大学——如哈佛、耶鲁、普林斯顿、乔治城等——的一种录取政策，在这种政策下，学校只根据申请者的成绩、表现、综合素质是否符合大学录取标准来决定是否录取该生，而不考虑该生的家庭财力是否能支付得起上学的费用。学生是否申请该校的这类奖学金或资助完全不影响学生的录取机会。学校会根据家庭可承担的该生的上学费用，发放全额、半额不等的奖学金或者各类形式的资助给该生，从而使得各种家庭经济条件的学生一旦被录取都不会因为经济原因而失学。

Need-based（基于经济需求的）。Need-based是部分美国大学的录取政策，在这种政策下，学生可以根据自身家庭经济状况申请Need-based类奖学金或资助，而结合学生的申请竞争力，该生是否申请该校的Need-based类奖学金以及申请数额将会影响到学生的录取机会。

Merit-based（基于学生学业和综合素质的）。Financial aid that is merit-based depends on your academic, artistic or athletic merit or some other criteria, and does not depend on the existence of financial need. Merit-based awards use your grades, test scores, hobbies and special talents to determine your eligibility for scholarships. 基于学生学业和综合素质的奖学金或资助是根据学生的学习成绩、考试分数、艺术、体育才能、爱好和其他才能来决定是否发放和发放的数额，与该生家庭经济条件无关。

罗金洲：申请过程中你遇到的最大的挑战是什么？

李昂：当时我递交申请的时候是高三第一学期，又要准备高考，又要考SAT，又要准备申请，再加上又有竞赛，所以整个人都特别累。但是当时我就想：兵来将挡，水来土掩。

罗金洲：你在写申请Essay时，印象深刻的有哪几篇？

李昂：我觉得写Essay关键是要把“你是什么样的人”写出来。我当时Common Personal Essay写的是投资股票，因为我从小对投资股票有兴趣，我就把看股票有什么心得，看它涨了跌了，然后做出我自己的分析和判断，表现我对这方面有激情、肯钻研。另外一篇我写了组织人大附中志愿团活动的经历，主要是表现我的组织能力、领导能力。

罗金洲：美国顶级名校竞争都异常激烈，作为一名申请成功者，你觉得美国的大学看重有哪些特征的申请者？

李昂：我也说不好，这些顶尖大学的录取标准总体其实没有太大区别。假设你有某个方面特别强，比如获得过国际奥林匹克数学物理等方面竞赛的金牌银牌，综合素质不错，没有特别的短板，那应该会被顶尖大学录取的。于我而言，我觉得我那篇投资股票的文章起了比较好的作用。因为申请美国大学的文章中，很多人都写排练、表演、参加竞赛、社会活动等题材，并且都是“遇到挫折——克服困难——取得成功”这个模式。这样的Essay录取官看多了，自然不太有竞争力。但是如果你写一个让别人刮目相看、耳目一新的题材，那可能比较新颖，比较吸引他们。

罗金洲：你在威廉姆斯学院（Williams College）学的专业是什么？

李昂：我学了三个专业，生物、化学还有数学。

罗金洲：所以最后你在威廉姆斯拿了三个本科学位是吗？

李昂：是的。

罗金洲：你是我见到的第一个拿到本科三学位的人，很了不起！你现在在哥伦比亚大学的博士专业是？

李昂：我现在的项目是MD-PhD。MD（Doctor of Medicine，医学博士）专业是临床医学，PhD（Doctor of Philosophy，博士）方向是医学研究，细分方向是骨科。

罗金洲：你当时提交给威廉姆斯的申请表中写的是哪个专业？

李昂：当时在填写Common Application申请表的时候，我选的专业意向是生物。威廉姆斯也是按生物专业录取我。但这不是说被录取以后就不能改换或增减专业了。在威廉姆斯，不论你是什么专业，第一年、第二年所有的课由你随便选。第二年结束前，你可以向学校申报你的专业，但是申报以后也可以再改专业，或者再增加专业，都非常灵活。我在威廉姆斯第一年和第二年主要上的是生物、化学、物理、数学类的课，同时我也上过经济、历史、音乐类的课等等，各种感兴趣的课我都会去上。

罗金洲：你在威廉姆斯四年大概学了多少门课呢？

李昂：我学了40门课左右。春秋两学期是我们学校的正式学期。一般大家每学期学四门课。我们的毕业要求是学满32门课就可以毕业。我们学校也有冬季学期，学生们可以学些轻松、娱乐的课，不过冬季学期的课不算学分。我在冬季学期学过会计、生物化学等课程。但很多学生在冬季学期会去学酿酒课、上海话课等等。

罗金洲：你们学校要求学满32门课，是否有学分方面的要求呢？

李昂：一般学校按学生修满多少学分来决定他是否能毕业，但威廉姆斯不按学分算，而是按你修过的课程门数算。如果你修够了32门课，包括学校要求的公共课和你申报的专业要求的专业课，那你就可以毕业了。但是，在威廉姆斯，不同的课花的时间是不一样的，比如有的课每个星期上6小时，有的课每个星期上8小时，有的课每个星期上10小时，但一学期下来，这些课各自都算是“一门课”。好多学生对这个政策还挺不满的。像我们的生物课和化学课，除了课堂常规授课，还有一些是实验课，实验做一次就是三四个小时，要花很多时间。和学英语的同学一比，我们上这些课每星期学时更长，实验更多，但都是一门课，有时觉得“不公平”。

罗金洲：每星期学的时间更长，意味着你们学到的知识更扎实。

李昂：当然也是。

罗金洲：你是怎么度过在威廉姆斯最开始的适应期的？

李昂：虽然我学了托福、SAT，考得也不错，但我刚到学校时听和说还是有障碍。我在威廉姆斯第一学期的课也比较难，当时我上了音乐、生物、数学、化学。我觉得生物和化学特难。数学、物理、化学上第一节课前有分级考试，考到什么级别就分配什么级别的课。当时生物第一次考试考得很难，全班平均60/100。大一刚开始上课我只是大概能听懂，课上记了笔记，回去后再看笔记。**威廉姆斯有个说法：前两年的课很难，是为了把意志不坚定的学生分流出去。**

刚开始第一学期适应起来有点困难，后来就好了，适应了之后我觉得还是挺轻松的。我一直都在努力学习，每天都能在11点左右睡，有时甚至有点闲。到大二之后，我发现学校开了那么多好玩的课，挺有意思的，还不如多学一点呢。所以我后来上了三个专业的课，但只有期末的时候可能会忙一些累一些，其他的时候还好。

罗金洲：萨福克大学副教授薛涌说，文理学院是美国本科教育的精华所在，而威廉姆斯又是文理学院皇冠上的明珠。因为你在文理学院和综合性大学都读过，你觉得威廉姆斯作为文理学院有哪些地方比综合性大学更好？

李昂：我觉得最主要的是威廉姆斯非常重视本科生的教育。

在哥伦比亚我也听过本科生的课。哥大有哥伦比亚学院（Columbia College），我听的那门课在一个超大的教室，坐满了学生，一个教授在前面讲，远远看去只能看见一个特别小的人影。虽然这门课有助教（Teaching Assistant，TA），但总体来说，你学或者不学，没有太多约束。这种情况下，你努力当然会学得很好；你不努力，那能学到多少就难说了。

但是威廉姆斯全校的学生很少，总共2 000人左右，绝大部分是本科生，师生比高。比如我们生物系有十几个教授，而每年生物系只毕业三四十学生，这样**教授和学生关系就特别近。大家都上那么几门课，整天低头不见抬头见，同学之间的关系就非常融洽。**留个作业，大家一块回家讨论、一块复习。我们用小班教学，往往是一堂课一位老师教十几个学生。

最小的一堂课是一位老师教两个学生。这种课的目的，就是让两个学生互相批判。每个专业都有这种课，就是教授出一个题目，每个人写一篇论文，表达一个观点，然后互相看对方的论文，互相指出对方的问题。上课的时候两个学生讨论，教授在旁边看着、指导、点评，看谁说的更有理有据、更有逻辑。

在威廉姆斯，本科生和教授讨论机会和时间很多，非常充裕。我们和教授的关系特别近，你如果有问题直接走进教授的办公室问就行了，这点我觉得非常好。我在教授的实验室里做过一些科研，有时候和教授一次连续讨论四五个小时，一直到天黑。这种环境下学生和教授的互动会更充分。

现在在哥大，我们这边有博士、硕士、本科生，本科生想见教授就相对难一些，因为教授本身很忙，本科生又很多，和教授长时间讨论学术问题不太容易。在哥大这样的综合性大学里，和教授见面的难度肯定比在文理学院里要大一些。但如果你特别努力去找，一般也是可以的。

罗金洲：还有哪些地方呢？

李昂：还有一点，不知道是优点还是缺点。威廉姆斯地处麻省的“农村”，离纽约四个半小时，前不着村，后不着店，相对于繁华的纽约就比较无聊。在那么个小地儿，有那么些学生在里面，有点像一个世外桃源。我在那儿学习的时候有这种感觉：每年飞到美国，进入一个“与世隔离”的小村子里，学一学期或一年，然后从那个“与世隔离”的小村子里出来，再融入“正常的世界”里。威廉姆斯像一个与世隔离的巨大“气泡”，很难说这样好或者不好，反正在那里学习和生活感觉挺独特的。

我现在在纽约，这里瞬息万变，人流、信息流特别大，每天见的人特别多，今天见这个，明天见那个，和在北京、上海差不多。在大城市里让人感觉找不着北，让人很浮躁。而在威廉姆斯的感觉就是，**学校就这么些人，每天见的也就是这么些人，在那里让人心情很平静，很踏实，非常有利于学习**。当然，在那里，你每天除了学习也没有别的事可以干。

这也体现在威廉姆斯的毕业生去向上面。我记得我们有一份统计，威廉姆斯毕业生大约20%上医学院，20%上法学院，20%去读博士，20%是做金融或者咨询，20%是其他（这里面好些人是去当教师）。学校整体是走非常学术的路线。我感觉在这种环境里面待久之后都养成了一种静心学习的习惯了。

威廉姆斯的学术风气非常浓厚，但是由于这种与外部世界的隔离，大四毕业生在找工作的时候，有时会一种和外部世界的“疏离感”和“断层感”。学校的就业指导中心在毕业季会请来威廉姆斯在全美各地的校友，从纽约、波士顿、芝加哥、华盛顿回到学校，回来建立关系（network），告诉学弟学妹外面的世界是怎么样的，引荐一些工作机会。虽然威廉姆斯和外部世界的交流没有像综合性大学那么多，但它也一直在努力弥补这个方面的不足。

罗金洲：*你在威廉姆斯的时间一般是怎么安排的呢？*

李昂：我一般都是早上8点钟起床，然后吃早餐，9点钟上课，一般上到11点多或者12点。上午大约上两三门课，中午吃饭加午休，大概到下午1点多，下午一般是有实验课，大概从下午一点上到四五点。晚饭之后有时候会有一些社团活动，这个可能会花两三个小时，然后就回家学习、写作业之类的。

我感觉从星期一到星期五，一半时间是在上课，剩下一半的时间要学习、写作业和参加课外活动。虽然说我在这里学习为主，但是我参加的课外活动还是挺多的。我们学校要求上一定科目的体育课才能毕业。我上过一门骑马课、一门高尔夫课、一门网球课，这些课都还挺好玩的。学校还有很多运动我都想尝试，但是到最后都没有时间了。

罗金洲：你在威廉姆斯期间主要参加了哪些活动？

李昂：有些学期我参加社团活动比较多，有些学期参加得比较少。比如我参加过一个叫MINKO的社团，这个组织还是挺有意思的。一方面，我们会讨论少数族裔在威廉姆斯的学生群体中起到什么作用；另一方面，我们会组织各种活动，比如组织民族舞蹈演出，吃世界各地不同民族的食物，放世界各地的电影等等，我觉得还挺有意思的。因为我觉得如果你只在一个地方呆，比如说中国人只和中国人待一块儿，美国人只和美国人待一块儿，那么视野就会比较狭窄。而通过这类的活动，**能看到各种不同地方的人们的生活、文化、习俗，这样就能够拓宽学生视野，培养国际性的眼光。**

我还帮过别人拍过微电影、纪录片。当时学校周围有一些小镇，生活着一些来自国外的移民，我们就去采访他们的生活。当地有一个英语培训学校，我们就去采访这个学校的老师、校长和学员，听他们讲述从世界各地来到美国的经历，他们对以后的生活的愿景。我们把这些采访记录做成纪录片，我觉得也挺有意义的。

罗金洲：还参加了哪些活动呢？

李昂：因为我一直对生物特别有兴趣，所以到大二时我就狂申请一些实习和研究机会，想看看其他大学在研究什么，怎么做研究。我当时申请了大概四五十个项目，最后我选了哈佛大学的干细胞研究所。那个研究所每年拨一部分经费给本科生做研究，里面80%是哈佛本科生，20%是外校的。我挺幸运地入选了。在那里我研究的是iPS细胞（induced Pluripotent Stem Cells），具体来说是大鼠小鼠的胚胎干细胞，研究是什么基因维持干细胞的状态。我做了一些遗传的突变的改造，产生一些不同表达的蛋白质，看对其他蛋白质的表达有什么影响。

大三的时候我去了哈佛大学的癌症研究所。主要研究的是一个和癌症相关的基因，研究这个基因表达成蛋白质后，这个蛋白质的结构。

我在这两段研究中收获都很大，学会了很多具体的实验技术，学会了怎么设计实验，怎么设计实验组和对照组。哈佛的研究非常前沿，引导了我后来的研究前进的方向。

罗金洲：以你的观察，为什么中国和美国的大学教育质量上有这么大的差别呢？

李昂：这里面原因很多，其中一个原因是，**中国和美国的大学可以给学生提供的资源会有差异。**美国大学给学生提供的资源会更多一些。如果有学生想去用这些资源，他就会发现，哇，有这么多好资源，我一定要都去好好学、去利用。威廉姆斯的一个好处就是，所有的信息和资源都非常透明。教职工都非常热心，如果我想了解哪方面的资源，他们会非常热心地帮我介绍。比如说，美国很多人都想申请医学院。我大一的时候，当时威廉姆斯约有20%的学生都想申请医学院读博。那么申请前，你需要了解医院是怎么运转的，医生是怎么看病的。比如在冬季小学期，如果一个学生想看骨科医生怎么工作，威廉姆斯就会给学生做安排，把学生送到一家医院，跟一个骨科大夫一起见习三周。

另外，文理学院的大课很少，绝大多数的课都是小班教学；威廉姆斯学生最多的课堂也只有三四十个人；基本上都是由教授授课。这样师生之间互动更紧密，教学质量会更好。

罗金洲：有一种说法是在美国大学的学习在下课后开始，你怎么评价这个观点？

李昂：这个说法是有道理的。比如说我大一时上的生物课，除了那些最最基础的课程之外，其他的老师在课上讲的都是非常前沿的知识。如果教授直接就把那些最前沿的一些论文、观点在课上传输给你，那你肯定不懂是吧？但是如果他在课堂上把这些知识、观点、研究成果按你可以理解的难易程度，把它传授给你，那你就能更容易地去理解。这是在课堂上。下课之后，他会布置一些比较基础的题目让你练习一下，也会有拓展性的题目，比如说给你一个目前大家还没有解决的问题，问你怎么去设计实验来寻找解决方案，或者证明一些观点，这些都是非常有挑战的问题。

很多课上完之后还要你写论文、研究方案、研究总结。比如我在威廉姆斯上过一门生物信息学的课，它是一门生物和计算机的交叉学科。期末的时候不是考试，而是让你写一个研究课题：假设你是一个科学家，你要写一份报告来向美国国家科学基金会（National Science Foundation，NSF）申请一笔研究经费。你必须写出很多很翔实的材料来向他们证明，为什么你这个研究课题是有意义的，是对人类有贡献的？为什么你值得拿到这笔经费？如果你写得好的话，美国国家科学基金会就会给你经费让你来研究这个课题。这个具体的研究课题得你自己来选，研究方法、研究思路都需要你自己想。实在想不出来教授也会给你一些指导，但大多数都要你自己独立去做。为了写好这份申请，你得去查阅很多年之前的各类研究资料、论文和文献，你才会知道关于这个领域，有什么东西是已知的，有什么东西是未知的，下一步你才能提出一个问题，然后想出不同的方法来解决这个问题。我当时写了二十多页，写完这个申请后，我觉得这种方式特别能锻炼我的思维和研究能力，让我受益匪浅。

罗金洲：这个例子举得非常好。

李昂：再比如，我在威廉姆斯数学专业毕业的时候，得做一个展示（presentation），我自己选一个课题，然后在40分钟之内把这个课题讲给在座的教授听。这个课题本身必须是课外的、老师没有讲过的。具体的操作程序和前面申请美国国家科学基金会的报告差不多。教授如果觉得你讲得好，就允许你毕业。

罗金洲：当时你讲的是什么？

李昂：我当时讲的是一个把数学和生物结合的、更具体说是把数学和医学结合的主题。一篇学术期刊论文讲药在治病的时候得和这个病人身体上的分子结合，这种结合有强弱程度之分。我用数学模型来抽象化这种结合，推演了一些结论，再用一些生物实验去证实这个结论。

罗金洲：据你观察，威廉姆斯和哥伦比亚的教学有哪些差异？

李昂：我觉得还是有挺大差异的。因为在哥伦比亚这种综合性大学，教授的主要职责是进行研究；在威廉姆斯，教授的主要职责是教授本科生课程。这些教授也喜欢上课，能和学生打成一片。在哥伦比亚我旁听过一些课程，有些老师英语发音不太好；威廉姆斯的老师大多在美国出生，英语很好。哥伦比亚是按学分来计算学生的学习情况的，对学生选择某些方面的课会有一些限制。但是在威廉姆斯只限制你最少得上32门课才能毕业，但是不限制学生最多可以上多少门课。比如说你特别想上某一个领域的课，学校不会规定你最多只能上多少门这方面的课。我在威廉姆斯4年上了40门课，这方面没有人限制我，也没有人让我多交学费。

罗金洲：多修课也不用多交学费是吗？

李昂：在威廉姆斯，不论你修多少门课，所有的学生都交一样的学费。

罗金洲：这对于求知欲强的学生来说是非常有好处的，因为他就可以用到更多的资源，学到更多的知识。你觉得威廉姆斯和哥伦比亚还有哪些区别？

李昂：因为哥伦比亚大学是在纽约，所以地理位置很有优势，特别是在找工作、找实习这方面优势非常大。哥大很多学生平常上学的时候就在纽约实习或者打工。但是威廉姆斯离城市太远，在一学期之中，你就只能在学校里面待着，别的事你也干不了。

还有一个是环境和氛围的区别：威廉姆斯规模小，环境安静，但哥伦比亚相对来说"浮躁"一些。当然这只是我个人感觉。

罗金洲：你个人对成功的定义是什么？

李昂：我觉得做自己想做的事情，并且做得很好，这就是成功。

罗金洲：你平时有哪些兴趣爱好？

李昂：我平时喜欢去健身；我还喜欢中国古典文学，包括唐诗、宋词、元曲等等，我自己也写过好些古典诗词。

罗金洲：你有一些自己认为比较好的学习方法吗？

李昂：每个人都有不同的适合他们的学习方法。比如有人擅长视觉记忆，有人擅长听觉记忆。我自己的话，平时所有的课我都会去听，而且听得很认真，对我来说，听一遍比自己看10遍都强。下课之后我还把课程的知识点都整理成图表，来加强记忆。

罗金洲：在你看来，你在美国读大学的同学和你在中国读大学的同学有哪些区别？

李昂：我觉得主要是视野上的区别。如果从小在北京待着，虽然也会学到更多知识，但一直都是在同一个地方，视野也会有局限。当时我刚到美国，被空投到威廉姆斯，感觉世界一下被拉到眼前了。以前看到罗浮宫，看到南美，看到自由女神，觉得那是遥远的天边，现在我想去哪里，都很近。原来我只是从电视上看到中东、非洲，觉得这些离我都很遥远，但是我的同学有来自尼日利亚的，有来自南美洲的，我接触到这些人，就了解到更多电视上、书本上看不到的东西，感觉世界一下打开了。

罗金洲：你觉得你的父母在做人和品格培养方面给了你哪些有益的影响？

李昂：我一直觉得孩子是父母教育的产物。我从小家里就非常注重培养我的求知欲，我父母会给我买各种书。我觉得妈妈非常伟大，1991年、1992年的时候能买到的外国图书还不多，我妈妈就想办法给我买了很多外国的图书。

我父母在我困难的时候总是鼓励我，让我学会坚持。在人品方面，我父母教育我要诚实，家教里特别强调诚实守信，教育我在任何考试都不能去拉关系，不能作弊，不能弄虚作假。我父母还教会了我很多做人的道理，比如不能钻进自己的牛角尖里，要换位思考，考虑对方是怎么想的。

我父母很开明，他们给我很大自由。比如我小学到初中一直喜欢学数学，参加各种数学竞赛，后来高中转到重点学生物，开始准备生物竞赛。其实如果我继续专注学数学，得各类竞赛奖的可能性更大。但是我的父母尊重我的意见，只是提醒我："如果你转学生物，那么你要承担自己这个决定的各种后果，如果你已经做好了思想准备，那就去做。"

我和父母关系很好，我们就像朋友一样。我也见到有些同学和父母关系很对立。父母一直教育子女说"你得这么做"，然后子女就这么做。但是不同的是，如果我的父母让我做一件事，我不理解的话，不会简单反对，而是想："我父母为什么会让我这么做？如果我不这么做，我的道理是什么？"然后我会和父母来讲道理，而不是一方来压制另一方。

罗金洲：你现在最大的梦想是什么？

李昂：我希望最终能创建一个医药投资基金，因为我一直对生物医药很感兴趣，再加上我以前对投资也感兴趣，我想把两者结合起来。

罗金洲：祝你梦想早日实现！

李昂：谢谢你！

拾贝

- 如果我再做一次申请，我会更早准备留学考试，比如在高二就把托福和SAT先考出来，这样高三上学期——也就是提交申请的高峰期——的时间会宽松一些，申请的效果也会更好。

- 如果申请时能找一个已经申请成功的学生请教一下，会对我的申请非常有帮助，至少会少走一些弯路。

- 写Essay关键是要把“你是什么样的人”写出来。

- 因为申请美国大学的文章中，很多人都写排练、表演、参加竞赛，社会活动等题材，并且都是“遇到挫折——克服困难——取得成功”这个模式。这样的Essay录取官看多了，自然不太有竞争力。但是如果你写一个让别人刮目相看、耳目一新的题材，那可能比较新颖，比较吸引他们。

- 威廉姆斯有个说法：前两年的课很难，是为了把意志不坚定的学生分流出去。

- 每所文理学院就这么些人，每天见的也就是这么些人，在那里让人心情很平静，很踏实，非常有利于学习。

- 能看到各种不同地方人们的生活、文化、习俗，就能够拓宽学生视野，培养国际性的眼光。

- 文理学院的大课很少，绝大多数的课都是小班教学；威廉姆斯学生最多的课堂也只有三四十个人；基本上都是由教授授课。这样师生之间互动更紧密，教学质量会更好。

- 给你一个目前大家还没有解决的问题，问你怎么去设计实验来寻找解决方案，或者证明一些观点，这些都是非常有挑战的问题。

- 这个具体的研究课题得你自己来选，研究方法、研究思路都需要你自己想。

- 我觉得做自己想做的事情，并且做得很好，这就是成功。

- 下课之后我还把课程的知识点都整理成图表，加强记忆。

- 如果我的父母让我做一件事，我不理解的话，不会简单反对，而是想："我父母为什么会让我这么做？如果我不这么做，我的道理是什么？"然后我会和父母来讲道理，而不是一方来压制另一方。

第八章

那些哈佛教会我的事

——哈佛大学学生尹禹然访谈录

尹禹然喜欢思考一些抽象的问题：“我从哪里来？”“我要到哪里去？”“我是谁？”“我人生的目的是什么？”，并致力于追寻这些问题的答案。当她不知道具体怎么实现自己人生目标时，选择在大一读完之后间隔一年，回到上海创业，事业有进展，思考也有进展。作为一名思想者，尹禹然怎么看待哈佛教育的优势？怎么看待资本和技术的关系？哈佛青睐什么素质的申请者？她怎么看待父母和孩子的关系？她的答案会启发我们进一步的思考。

罗金洲：你在哈佛学的专业是什么？

尹禹然：我现在是本科四年级，一个星期之后就毕业了。我在这里读的是艺术史专业。来哈佛之前我们是可以不确定专业的。我也考虑过很多其他的专业，比如说社会研究、哲学。我当时的考虑是，能够通过在哈佛的学习为未来的方向做一个定位，所以就想选择一些比较形而上、能够回答“我从哪里来？”“我要到哪里去？”“我是谁？”这三个问题的专业。后来我意识到这些问题可能还得从生活实践中去积累，寻找到答案，而不是通过课堂的学习来解答。这样我对大学的专业选择就有了更大余地。因为家里有人从事庭院设计这方面，对我影响很大，所以我最后选择了艺术史，主要是研究艺术史中的日本艺术史。

罗金洲：现在大家普遍是出去学商科或工程，艺术史的就业不算太好，你是否考虑过未来就业、经济压力这些因素呢？

尹禹然：考虑过的。不过，第一，大学本科四年也许是我人生最后能够学自己的一些感兴趣的东西的时间段。我喜欢艺术史，所以我学了艺术史。第二，我觉得上大学如果是想学习技术的话，为什么不直接去上一个培训班呢？我觉得本科更主要的是对于思维方法的训练和人文情怀的培养。我的长期目标还是会自己运营企业。但是做企业和做生意是不一样的：做生意可能只要赚钱就可以了，做企业需要有一定的人文关怀，并且对这个社会有责任感。企业家身上有生意人不具备的一些特质。

我在哈佛所接受的教育并不是能够让我毕业之后第一份工作有保障，而是让我在未来10年、未来20年在思想上、生活上一直受益。我觉得这才是我在哈佛追寻的教育的本质。

罗金洲：可能持续一生都会受益于此。

尹禹然：对。

罗金洲：这四年来，你达到了当初追寻的目标吗？

尹禹然：我的人生目标是什么？我大一时思考的是——给这个世界留下遗产，包括三种：第一种是延续自己的基因；第二种是影响他人的思想；第三种是尽可能地去做好事，让大家感受到爱的传递。但当时我只是有这些模糊的想法，并不知道怎么样实际去做。所以在大一和大二之间我间隔了一年，回到上海去创业，去实践，看能不能把自己真想要做的事情变为现实。

在哈佛这四年我学到的是：第一，我把未来的方向摸清楚了。毕业之后我会回我国香港特区做私募基金相关的工作。我现在业余的时候也跟一些学长做内地的投资业务，包括一些私有化的项目。以此为起点，我希望将来可以打造一个属于自己的综合性金融集团。

第二，我明白了人际关系的一个核心点：在社会上做人，最重要的不是课本知识，而是懂得与人相处。那么如何与人相处？这四年来，我在哈佛这个舞台上不仅跟哈佛的校友有很多交流，比如我组织了哈佛中国论坛，也和很多商业界、学界、政界的领袖有了一些交流。我觉得最重要的不是你手机里面有多少个重要的联系人，而是你有什么资源可以去和别人相互交换，毕竟人脉这件事最重要的是平等，以及你和别人可以互相帮助，而不是一味单方面的索取。所以，能够尽我所能地向别人提供我的价值，是我为人处世的一个方法。

第三，我收获了哈佛的这些朋友。虽然大家听起来可能觉得哈佛是一个竞争非常激烈的地方，但是我在这边有非常多的特别好的朋友。他们可能做了很多我以前根本没有想过的事情，比如说收集可乐罐，比如说去攀登犹他州最高的山峰，这些事情都是我之前的人生规划中没有的内容。他们让我看到了人生的各种可能性，也启发我：我永远不知道我不知道什么。我一定要把这一点记在心里，这样我才不会做一个非常无知、自傲自大的人，不会做一个故步自封的人，才能继续生存下去。

所以，这三点是我在哈佛这个平台上收获的：我未来的方向、我对人际交往的认识和我在哈佛认识的朋友。

罗金洲：你在哈佛追寻人文情怀，追寻“我从哪里来？”“我要到哪里去？”“我是谁？”这些终极哲学问题的答案，但是四年之后你还是做了金融、私募业务，这和一开始就直奔金融、私募去的人有什么区别呢？

尹禹然：我觉得是两样的吧！为了一份高一点的薪水去做私募的人，如果你问他，你四五年之后会在哪里，他不一定能讲得出来。你问他现在在私募行业的目标是什么，他所关注的可能只是这一季度我的销售额、薪水涨了多少、我要加班多久这些问题吧。我从事私募行业的目标是非常明确的：我希望创立一家综合性的金融集团，它拥有一定的资本实力，它可以去接触不同行业的最前沿科技，并且支持这些科技的研发和成果转化，而不是关注我能不能一个月挣3万元这种事情。在现在的大环境下，我认为做私募是最快实现资本积累方法。在有了一定的资本积累之后，作为一个文科生，我不能像MIT那些人一样去投入实验室研发，但是我能为科技人员提供资金支持。我比较崇拜的一个人是埃隆-马斯克，像他一样，将资本投入前沿科技，可以做很多、很大的推动整个社会、整个国家、甚至整个人类发展进步的事情——这才是资本真正震撼人心的力量、真正的价值。

罗金洲：我前几天看了一下你的朋友圈，发现你有MIT的学生证。

尹禺然：那是很早之前了。哈佛和MIT两所学校联系一直都很紧密。MIT实验室开发了很多先进的技术，那这些技术该怎么去灵活地运用到世界的各个方面，不管是军用、商用、民用，都还是会用到哈佛擅长的软实力，比如说领导力呀、谈判能力（Negotiation Power）呀，创意商业化能力呀等等。

我这张学生证是以前在MIT Cross Register（交叉注册）的时候办的。我自己比较偏向软实力，所以我想学一些硬科技的课程。本来MIT是在波士顿，然后迁址到了剑桥镇，刚刚过去的这个周六是迁址100周年的纪念日，学校举办了一个非常大型的公开日（Open Day）。我去看了很多学校实验室最新研发的前沿科技，非常震撼，这更加坚定了我作为一个文科生希望能够为这些真正的科技进步做一些贡献的想法。

罗金洲：什么是交叉注册（Cross Register）？

尹禺然：就是哈佛的学生可以到MIT上课，MIT的学生也可以来哈佛上课。两边学校的学生可以交叉注册对方学校的课程，而且互相承认对方的学分。这和本校学生正规上课是一样的，不是旁听，而且选课不存在学科和专业方面的限制。

罗金洲：这太好了，有课程门数方面的限制吗？

尹禺然：应该是有的，但这是两个学校之间非常官方的限制。其实不仅是这两所学校，我们也可以去威尔斯利女校（Wellesley College）选课上课。还包括其他一些在剑桥附近的大学，它们的教育资源都是共享的。

罗金洲：你办了MIT的学生卡之后，大概有多长时间在那里上过课呢？

尹禺然：那学期有一门课是在那里上的，是金融会计（Financial Accounting），之后就没有在那边上过课了。

罗金洲：只修了一门，是否觉得没有非常充分地利用MIT的资源呢？

尹禺然：还好吧，学习对我来说，只要学得开心就好。MIT那边有很多高深的课，但我觉得不一定都要学。MIT有很多很好的课外活动，比如之前提到的Open Day（开放日），还有他们的社团活动。我觉得如果要了解学校的前沿科技，去参加那些活动就可以了。哈佛这四年教会我很重要的一件事情就是怎么去将所有事情排优先次序（To prioritize things）。如果什么都想要的话，最后这艘船一定是会沉下去的。

罗金洲：是否可以说，你在哈佛和MIT的课外活动上的收获，并不比在课堂上的收获少？

尹禺然：是的，但每个人的看法和经验应该都不一样吧。

罗金洲：以前我们听到的一种说法是MIT的学生都绝顶聪明，但是他们出来后很多都在为哈佛的学生打工。

尹禺然：这个说法并不属实。我觉得商业模式的创新是一种创业方法，但更重要的在于技术创新。技术才是硬道理。MIT的学生拥有技术，他们的创业非常多。

罗金洲：中国过去5年涌现出来的创业公司风起云涌，但90%以上是商业模式创新，技术方面的创新乏善可陈。

尹禹然：没错。

罗金洲：你未来是希望在美国发展还是在中国发展呢？

尹禹然：我是非常坚定要回国发展的。第一，其实我在大学四年中一直在有意识地拓展认识国内的人，我已经打好了这个基础的话，没有必要在美国所谓镀两年金。第二，我觉得中国的投资机遇比美国要好。此外，并不是说我们在美国和中国只能选一个，其实都可以考虑。很多时候国内的客户希望投资一些国外的项目，或者国外的客户希望投资一些国内的项目，这都是可能的。现在大家都看到了多元化、多区域的经济发展，不仅只有中国、美国这两个选择，包括东南亚、非洲，其实都是有非常多的、好的投资机会的。

罗金洲：当年钱学森回到中国，以他为代表的海归为中国的早期建设起到了非常重要的作用。但是因为当时中美之间的经济差距非常大，所以选择留在美国的人占多数。但是今天我们看到留学生选择回国的比例在增加。当越来越多接受了美国高等教育的人选择主动回到中国，这种“教育溢出效应”对改善中国的整个经济、人文、教育、科技都是非常有帮助的。

尹禹然：我现在接触到的同学，已经不再坚持“我必须要留在美国”。留学给了他们更多选择的余地：美国、中国、世界各地都可以。

罗金洲：你本科毕业后的打算是什么？

尹禹然：我计划去香港做私募。

罗金洲：你觉得哈佛的教育，特别是学术方面，有哪些地方做得很好呢？

尹禹然：我觉得哈佛、耶鲁和普林斯顿是同一个层级的，哥大和宾大是同一个层级的，布朗和康奈尔是一个层级的。能够被录取进常春藤的这些孩子，他们其实不管在哪个学校都会得到他们想要得到的东西。他们之所以被录取到这个学校，是因为他们明确地知道自己要什么。所以，对他们来说进哈佛或其他常春藤不是获得一颗皇冠上的明珠，而只是经过一个路边的加油站。人生很长，要不断走过山峰还有更远的地方。我们不必神化哈佛的教育。

哈佛对学生的培养也确实有与众不同的地方，我觉得主要是在课外：我们这边的学生活动的积极性、对政治的关心、对社会的关注感和责任感会比一般学校的学生高。哈佛的学生在很多场合下都能非常流利自如地表达自己的意见。这些都是哈佛的教育带来的。

罗金洲：那么在课堂教学方面，不管是讲授课（Lecture）还是讨论课（Seminar）一类的课程，哈佛有什么独特的地方？

尹禹然：在哈佛，我觉得最有价值的不是他们的教学方法，而是他们的头脑：他们究竟在想什么？不管是教授也好还是助教也好，或者是哈佛这些团体之中的学生也好，同样的40分钟时间，可能在国内的学校就是一个你问我答的一个环节，但是在这边的话，可能这些参与者会谈很多不一样的东西，会谈一些扯得很远、甚至跑题的内容，跟授课内容完全没有关系，但是在这些对话当中会有新的火花产生。这是非常重要的一点。

罗金洲：剑桥大学常邀请教授们在学校咖啡馆一起喝下午茶，他们天南海北地闲聊，但是启发了很多诺奖级的创意。

尹禺然：其实我觉得这才是激发灵感（Inspire）的最好方法。并不是很刻板地说我们今天谈这么一个话题，然后在这个问题上一定要谈出个所以然来。

罗金洲：你在哈佛的时间一般是怎么安排的呢？

尹禺然：我一般差不多9点钟左右起床吧，然后10点钟去上语言课，因为语言课是每天早晨都必须要去的。中午我可能会跟同学约好见面，可能是哈佛本科的一些同学，一般会约在学校食堂；如果是商学院（一般是研究生）或是MIT等外校的同学，一般会约在餐馆。吃完饭之后继续上课，下午一般三四点左右就可以回到自己的宿舍，可能会做作业做到6点左右，再放松一下或者去跑步或者看看电影，那么差不多就10点多了；10点多再又开始做作业，差不多最后深夜两点多睡觉吧！

罗金洲：可否简单说一下你当时是怎么准备你的大学申请的呢？

尹禺然：我高中是上外附中的，在高一的时候就考托福考SAT，这些标准化考试都是在非常早的时候就完成了。然后课外活动方面，我这边都是顺其自然在做的，没有刻意去准备。我当时也申请了很多学校，并不是说我一定就要进哈佛。

罗金洲：我们知道美国大学在录取学生的时候，并不是光看分数的，也会看其他一些软性的素质。回过头来，你觉得你有哪些地方符合哈佛的软素质要求呢？

尹禺然：我觉得这是我入学之后感受到的吧。一个素质是领导力，这可以在各种社会活动体现出来。一个是“做什么事情都一定会把它做得很好，追求做好做精”的这股精神。比如说，我朋友当中有人收集瓶盖，但他并不只是简简单单地收集，而是坚持了好多年，然后研究出了所以然，最后还写了一篇分析报告。另外一个朋友非常喜欢看《暮光之城》，所以她去参加了《暮光之城》的全球粉丝大赛，结果拿了一等奖。你研究一件事情一定要研究透。最后一个素质是，哈佛的学生都是希望努力让这个世界变得更好的，希望能够找到自己人生的价值的。如果你没有这种冲动的话，哈佛是不会为你打开大门的。

罗金洲：中国有一个说法是，“吃得苦中苦，方为人上人”，吃苦中苦的目的是成为人上人；而哈佛学生的价值观是让这个世界变得更美好。

尹禺然：是的。

罗金洲：你觉得申请期间比较大的挑战是什么？

尹禺然：我的申请没有别人轻松。不一定是最困难但是是最有价值的一件事情，就是在写Essay时，其实是回顾了自己在过去18年的生活，然后总结出了自己将来的人生的脉络。有了这个梳理脉络、反思、规划的过程，不管最后我被哪个学校录取我觉得都是非常有价值的。有些同学写申请Essay时专注写自己的成就，或者写自己的领导职位，我个人认为这可能是不对的吧，可能更好的一种表达方法是告诉招生官自己是怎么一步一步成长到今天的，以及自己对未来的打算是什么，然后有一个非常清晰的脉络把自己过去做的事情串联起来。

罗金洲：回顾你初中和高中六年的学习和生活，如果重来一次，你会坚持哪些做法？改变哪些做法？

尹禺然：我能进哈佛最大的一个因素就是运气比较好。每个获得哈佛面试机会的同学都是非常优秀的。他们不管最后进了哪个学校，都能够非常好地走好自己的人生路。

除了这个因素，我觉得我会坚持的一点是：我从比较小一点的年纪就开始明白，人要对自己负责。爸爸妈妈不能带你一辈子。我觉得家长们可以在孩子比较小的年纪，比如说在七八岁的时候，就试着和孩子讨论一下他们人生的意义和价值在哪里。有时候成长就是一种阵痛吧！需要给这些孩子一记响亮的耳光，让他们知道爸妈对你的爱也不是无条件的。很多时候，你在这个世界上能创造多少价值，你的存在是不是有意义，都是要靠你自己去奋斗争取的，这就称为“你对自己负责”。

对自己负责之后，才能慢慢摸索出另外一条：对这个社会负责。这也是我未来会教给我儿女的一点。

如果重读初中高中，我会改变的做法，就是做一件事会更加坚持，更加有毅力。我的性格是比较有跳跃性的，所以我可能会尝试很多不同的活动和领域，但是每次都尝试得比较浅，对可能不感兴趣的那些方面，因为要排优先次序（Prioritize），所以我会非常快地把它筛选掉，然后聚焦在我比较感兴趣，或者我认为有价值、有意义的事情上。但是这样其实会关上了很多可能的机会之门。所以，如果再给我一次机会读初中高中，我会把数理化学好，多探索探索理科的世界。

罗金洲：你参加了哈佛的录取面试吗？

尹禹然：参加了。

罗金洲：能回忆一下当时的情形吗？

尹禹然：哈佛的面试是精心挑选面试者的，拿到面试的孩子才有可能被录取，但不是一定会被录取，没有拿到面试的孩子一般不会被录取。面谈一般是在45分钟左右，内容还是比较随意（Casual）的，就像我们现在聊天一样。面试官问我说：来介绍一下你自己，说一下为什么你想申请哈佛，以及你想读什么专业。他的目的就是想了解我是一个什么样的人，以及我能不能做好两点：第一，能不能利用好我在哈佛的四年时间；第二，我有没有可能成为一个对社会有用的人，将来会回馈母校、回馈社会。

我那天面试非常早，是在星期天早晨8点钟，我在他们家别墅区的一个会所里跟他聊的。开车过去花了一个半小时，到了之后我怕自己精神不好，就直接喝了两杯意式浓缩咖啡。然后我非常兴奋，拉着面试官的手就讲了两个小时没停过。她回去之后应该为我写了一封比较正面的评估信吧！我后来录取了之后也跟她汇报了这个喜讯。

我比较相信善有善报、恶有恶报，所以在3月中旬上外附中放假的那段时间，跟我当时的男朋友一块去西安做义工，做了两个星期。期间也陆陆续续收到了一些其他学校的录取信。但是常春藤都是在4月1日当天发榜的。我那天早晨5点钟起来就开始刷，但是哈佛一直没有给消息。我就想了一个办法，因为哈佛有个网站，每年录取的新生需要用自己的申请编码去登录，我想如果登得进去的话那就说明我被录取了嘛，结果我一次还真的登进去了。但真正的录取通知信，是一直等了12个小时之后才收到的。我收到的时候也没有特别高兴，给爸爸妈妈打了一个电话，然后和男朋友去吃了一顿西安的羊肉泡馍。

罗金洲：作为一个即将毕业的学姐，你有哪些给中国的高三、有志于冲击常春藤的学弟学妹们的建议呢？

尹禺然：第一点，还是要做真实的自己，不要套别人的模板。很多时候其实到了高三了，能不能进去一些好的学校可能就是已经定下来的事情，不需要去太刻意地假装成另一个人。

第二点，其实真的常春藤的这些学校，进哪一所的区别都不大。如果一个学生本身知道自己未来的方向在哪里，他的兴趣是什么，并且他有领导力，他希望世界变得更好，他希望把事情做到极致的话，那么就算他去了社区大学，我觉得他的人生也会发展得非常顺利的。

第三点是把考试、文书等这些基础的工作做好。

罗金洲：你如何看待国内本科教育的现状？

尹禺然：现在国内本科教育已经进步很多了。我的这个观感和理解主要是来自北大清华和复旦交大这些学校。他们换专业也比过去方便了，并不是说我高考的时候选了某个专业我就一定得一直读下去。现在他们也比较好向学校申请间隔年了。毕业之后很多学生都胸怀天下，要去创业，要去做一些不一样的事情。所以我觉得国内的本科教育并没有大家痛批得那么不堪。

我觉得高考存在肯定是有它自己的道理的。毕竟中国这么多人，如果真的是用美国这种申请的方式的话，会有一些不公正性在里面的。我其实比较喜欢国内特别是上海做的那种自主招生系统。自主招生在高考的这个制度之上再引入综合素质的评估选拔标准，非常好。

罗金洲：你觉得你的父母在培育你成长方面有哪些地方是做得比较好的？

尹禹然：我爸妈对我基本上就是一个放养的态度。很多父母会问，我是应该跟子女做上下级的关系呢，还是做他们的朋友？我觉得都不是，父母应该是做孩子咨询师的角色。

我和我爸爸一年也见不了几次面，平时微信当中他也不会说，“宝宝呀你吃饭了吗？喝水了吗？”都没有的。基本上我爸大概知道我对投资、财富管理感兴趣，他就会有一搭没一搭地给我发一些相关的有用的资讯。平时见面的时候我会约他在咖啡厅，然后我拿出一个小本本，上面有我最近生活的一些更新，包括我的感情，包括对未来的目标，包括自己在做的活动，都会来问他，向他汇报，咨询他的建议。然后我爸也会说，“你等一等”，然后拿出一个小本本，我一边说，他一边记。我们这样很像在做咨询。

我非常感谢我爸，我觉得我爸我妈都是非常好的人生咨询师。当然我也不是说对他们非常崇拜。如果孩子对父母非常崇拜的话，那就不能保证一个非常客观的独立的人格了。我也看到我爸妈身上非常多的性格缺陷，然后同时也把他们当作一面镜子来时刻告诫自己：长辈走过的弯路就不用再走一遍了。

罗金洲：在培养孩子方面，国内有两类主流的观点：一类是信奉父母要像虎爸虎妈那样的模式；一类是信奉只要孩子开心就好的父母的模式。你比较认可那种模式呢？

尹禹然：我觉得极端了就不好了，万物都是有平衡的。虎爸虎妈的孩子并不是傻，让他们的爸妈任意摆布，所以这可能是一个你情我愿，一个愿打一个愿挨的过程。父母采用快乐教育的家庭，孩子也不是傻乎乎的快乐。我的父母也是给我快乐教育，但是我很明确知道自己要什么，知道自己该做什么，我自己自觉地去完成那些任务之后，我爸当然不用操心。一个平衡的做法是什么呢？**放养模式也好，虎爸虎妈模式也好，都要让孩子明白，这是他自己的选择，并且这些选择将来是会有后果的，他要对自己选择的后果负责。**

罗金洲：你说得对，学校的老师要对孩子因材施教，父母也要对孩子因材施教。也许有的孩子更适合放养，有的孩子更适合严厉一些的虎爸虎妈方式。不同的孩子肯定有不同的家庭教育方式，并没有一个统一的模式去应对所有的孩子。

拾贝

- 本科更重要的是对思维方法的训练和对人文情怀的培养。

- 做企业和做生意是不一样的：做生意可能只要赚钱就可以了，做企业需要有一定的人文关怀，并且对这个社会有责任感。

- 我在哈佛所接受的教育并不是能够让我毕业之后第一份工作有保障，而是让我在未来10年、未来20年在思想上、生活上一直受益。我觉得这才是我在哈佛追寻的教育的本质。

- 我的人生的目的是什么？我大一时思考的是——给这个世界留下遗产，包括三种：第一种是延续自己的基因；第二种是影响他人的思想；第三种是尽可能地去做好事，让大家感受到爱的传递。

- 我明白了人际关系的一个核心点：在社会上做人，最重要的不是课本知识，而是懂得与人相处。

- 最重要的不是你手机里有多少个重要的联系人，而是你有什么资源可以去和别人相互交换，毕竟人脉这件事最重要的是平等，以及你和别人可以互相帮助，而不是一味单方面的索取。所以，能够尽我所能地向别人提供我的价值，是我为人处世的一个方法。

- 我在哈佛的同学让我看到了人生的各种可能性，也启发我：我永远不知道我不知道什么。我一定要把这一点记在心里，这样我才不会做一个非常无知、自傲自大的人，不会做一个故步自封的人，才能继续生存下去。

- 将资本投入前沿科技，可以做很多、很大的推动整个社会、整个国家、甚至整个人类发展进步的事情——这才是资本真正震撼人心的力量、真正的价值。

- 哈佛这四年教会我很重要的一件事情就是怎么去prioritize things（将所有事情排优先次序）。如果什么都想要的话，最后这艘船一定是会沉下去的。

- 对他们来说进哈佛或其他常春藤不是获得一颗皇冠上的明珠，而只是经过一个路边的加油站。人生很长，要不断走过山峰还有更远的地方。我们不必神化哈佛的教育。

- 哈佛对学生的培养也确实有与众不同的地方，我觉得主要是在课外：我们这边的学生活动的积极性、对政治的关心、对社会的关注感和责任感会比其他一般学校的学生高。

- 在哈佛，我觉得最有价值的不是他们的教学方法，而是他们的头脑：他们究竟在想什么？这些参与者会谈很多不一样的东西，会谈一些扯得很远、甚至跑题的内容，跟授课内容完全没有关系，但是在这些对话当中会有新的火花产生。

- 哈佛青睐什么样的学生素质？一个素质是领导力，这可以在各种社会活动体现出来。一个是“做什么事情都一定会把它做得很好，追求做好做精”的这股精神。

- 哈佛的学生都是希望努力让这个世界变得更好的，希望能够找到自己人生的价值的。如果你没有这种冲动的话，哈佛是不会为你打开大门的。

- 我从比较小一点的年纪就开始明白，人要对自己负责。

- 很多时候，你在这个世界上能创造多少价值，你的存在是不是有意义，都是要靠你自己去奋斗争取的，这就称为“你对自己负责”。

- 对自己负责之后，才能慢慢摸索出另外一条：对这个社会负责。

- 很多父母会问，我是应该跟子女做上下级的关系呢，还是做他们的朋友？我觉得都不是，父母应该是做孩子咨询师的角色。

- 放养模式也好，虎爸虎妈模式也好，都要让孩子明白，这是他自己的选择，并且这些选择将来是会有后果的，他要对自己选择的后果负责。

第九章

叩门加州理工

——加州理工学院学生赵时雨访谈录

钱学森的母校加州理工学院，每年在中国只录取个位数的本科生。来自杭州外国语学院的赵时雨，成功地被这所以“标准苛刻、淘汰率高”闻名的大学录取。在高二寒假，他去美国宾夕法尼亚大学参加了一次模拟联合国的活动后，被美国大学的环境和氛围吸引，同时增强了对自己英语的自信，回国后即投身备考托福、SAT和准备申请。在一贯优秀的平时成绩之外，在不到一年的时间里，他考出了比较理想的托福、SAT 1、SAT 2成绩，参加了一些全国性的比赛并获奖。

一起来看看他走过的通向加州理工的道路吧。

罗金洲：时雨，祝贺你获得加州理工学院录取！能先简单说一下你的学习经历吗？

赵时雨：谢谢！我从小在浙江丽水长大，一座不是很大的城市。我在那里读小学，学过一些简单的英语。初中我考进了杭州外国语学校，在这里一直读到2010年高中毕业。可以说，我小学学的所有的英语，比不上我在初中学一年的收获。

我们高中老师管得很灵活、宽松，这里宽松是褒义。杭外用的不是全国通用的高中英语教材，是自己的教材。学校师资比较好，教学方法挺灵活，整个校园的风气很活跃。

我们学校有自己的传统。一年有五个大的节日：体育节、英语节、文化节、科技节和文艺节，大家都要参加，要演出、排节目、组织各种活动。我的高中时代在这里过得还是挺丰富的。

罗金洲：会不会有些同学觉得做这些对高考没有帮助？

赵时雨：我们学校一届招400多学生，总会有一部分人有这样的想法。我感觉剩下的绝大部分同学都非常认可这种教学体制和氛围。除了高三冲刺高考的时候外，大家参加这些活动都很积极。

我们高中每年出国读大学的有100来个，保送到国内大学的100多个，这些人不必高考，不愿意整天埋头刷题，也不会觉得做这些活动是浪费时间。而且，在这样的教学体制和氛围里，不论是在国内还是去国外上大学，越来越多的学生得到了很好的录取结果，这样大家就越来越认同这个体制，这是一个良性循环。不过，这个良性循环一旦被破坏，就会进入恶性循环。

罗金洲：你是什么时候开始着手准备出国申请的呢？

赵时雨：我是2010年6月高中毕业，正式开始准备是2009年的1月。我以前一直是准备参加国内高考的。转变是发生在2009年1月，也就是高二的寒假，我去美国费城的宾夕法尼亚大学参加了一次模拟联合国活动，亲身感受了美国大学的环境和氛围，从此萌生了去美国上大学的想法。

1月从美国回来后，我就开始准备考托福和SAT 1。我先报了5月和6月的两次SAT 1，准备了4个月，做了很多真题，不过没有去上新东方的培训课。我5月去考了第一次SAT 1。考完后，我有个朋友和我说："你只考SAT 1还不够，还要考三科SAT 2。"后来10月份我就又去考了SAT 2，三科都获得了满分。

很多人的计划是5月考SAT 1，6月考SAT 2（因为SAT 2相对简单很多），然后复习半年，10月、11月份再考SAT 1，但我可能不适合这个方案，因为我10月要准备参加全国应用物理竞赛，又是递交美国大学申请最紧张的阶段，时间上可能更紧。

我考了两次托福，考第一次后ETS把我的考试数据弄没了。当时已经10月份了，已经赶不上EA、ED（早期申请）了。内地最近一个月的托福考位也已经没有了。我很紧张，又赶紧报了香港的托福考位，11月去香港考了一次。考完回来后，我让ETS退钱，ETS又告诉我数据恢复了，系统查到我的分数是111分。不久，我去香港考的那次分数也出来了，是117分。不过，如果第一次考试顺利，我是不会花几千块去"买"这6分的，哈哈。

> ETS全称为Educational Testing Service，是美国的教育考试服务中心，创建于1947年，总部位于美国新泽西州，是全球最大的私立非营利性教育考试和评估机构。ETS举办的考试有大家熟知的托福和GRE等。

罗金洲：你申请了哪些学校？

赵时雨：我一共申请了10所，麻省理工、斯坦福、加州理工、哈维姆德（Harvey Mudd College）、加州大学伯克利分校、加州大学洛杉矶分校、伊利诺伊大学香槟分校、佐治亚理工、康奈尔，等等。

罗金洲：你在选这些学校的时候，是根据什么原则或标准？

赵时雨：不同人的选校标准不一样。这要看自己是什么样的人，自己的目标是什么？有的人，像我，一心想做工程师。我选的时候就优先考虑工程领域比较强的学校。

我选的时候主要是看美国大学工程方面的排名，不过，不是看US News（美国新闻与世界报道）给出的排名，而是我自己做的排名。当然，US News排名要做参考。在我心目中，麻省理工、斯坦福、加州理工和伯克利是第一梯队的，伊利诺伊和佐治亚理工保底。我查了这些学校开的工程专业、课程、师资情况、学术成果，这样做出了我自己的美国大学按照工程专业的排名表。

我希望能为家里节约一点费用，所以选学校的时候有些在意物价。录取结果下来后，我一度考虑去佐治亚理工，因为这样一年能比加州理工省下1万多美元。最后和家里商量，家里还是支持我去加州理工。当然，理由不是从加州理工出来后，可能挣的钱更多，多出来的钱足以补偿当初多付出的学费，而是在这里接受的教育会更好。**我不想用金钱的投入产出来计算一段教育值不值，教育是没法用钱来衡量的。**

其他的，比如学校是在东西海岸还是中部，在城市、小镇还是乡村，这些我都不在意。

罗金洲：在整个申请期间，你遇到的最大的挑战是什么？

赵时雨：主要是时间安排上的挑战。因为我是高二寒假开始准备的考试和申请的，本身启动时比很多同学要晚一些。5月和6月考SAT 1，9月30日参加全国高中物理竞赛的实验考试，10月初考SAT 2，11月又去香港考了托福，这些时间都安排得特别紧。

现在你听我讲话可能觉得我比较自信，但在准备申请期间，我心态浮动其实蛮大的。有时候我会觉得一切进展顺利，突然间世界一片光明，有时候自己也会沾沾自喜一下；有时候某次考试没有考好，又会对自己产生怀疑，觉得自己申请到梦想学校（Dream School）的希望渺茫。那一年多的时间里，心态起起伏伏，波动真的是挺大的。但是**尽量稳住自己的心态，这对申请非常重要。**

罗金洲：你参加了哪几所学校的面试？

赵时雨：我参加了两个学校的面试，一个是MIT，一个是卡耐基梅陇。我是在上海参加的MIT的面试。前一天晚上看电视的球赛节目，看到凌晨三点才睡，一觉睡到第二天中午。我们约的面试时间是下午两点。我赶到面试的地点，在面试官的办公室，很漂亮，窗外就是黄浦江。面试我的是一位MIT毕业的亚裔校友，问的是一些比较常规的问题，比如“你高中是什么学校的？”“你印象比较好的老师是谁？”“你对什么专业感兴趣？为什么？”“你在高中时都参加过哪些活动？”“你为什么想来MIT？”“你平时喜欢看些什么书？”“你有哪些兴趣爱好？”等等，一起聊了一个多小时，总体来说我觉得还是蛮顺利的。

罗金洲：你觉得比较满意的Essay有哪些？

赵时雨：Commonapp的两篇，其中一篇我写的是我拆各种东西看里面的构造的故事。很多东西看上去很复杂，但你拆多了后，就会发现一些规律。大的设备和机器都是小的设备和器件组合起来的；把大的、复杂的器件拆开成一个一个小的、简单的器件后，会加深对它工作原理的理解，会得到一些电子、机械知识方面的启发。比如传统的电视机看上去很复杂，里面的主体是一个显像管接，如果你之前拆过示波器，那你理解显像管的原理就会比较清楚一些。很多家里的设备拆开来后，再一件件装回去，还能继续用。但也有一些时候，拆了就不能还原了。拆的过程中，我也碰到了一些风险：我以前拆电视机的时候，就打破过显像管。当然现在大家都用数字电视，这就更复杂了。

罗金洲：有些学校会问你为什么选择这所学校，这类文书你是怎么写的呢？

赵时雨：写这类文章需要对学校做一些研究和了解。其实我对各个学校没有额外掌握太多信息。我了解这些大学的渠道，也是大家通常能得到的渠道，主要是在网上查一下相关的信息，和父母、老师、同学聊聊学校的特点。有些学校，在网上看一下它的网站，看看图片，就很喜欢。有些学校，我看完以后也不是特别有感觉。比如康奈尔，我知道它的工程很强，但是我一直没有找到它特别让我喜欢的点。这样我在写“为什么选康奈尔”这篇文书的时候，可能就不是很出彩。事实证明康奈尔招生官的眼睛还是雪亮的，最后没有录取我。

MIT和斯坦福的学术水平不用说，世界顶尖。MIT的学生常常会有些鬼点子，斯坦福在工程方面非常注重创新，注重把创新的技术、产品应用到实际生活中。哈维玛德名气很小，国内关注这所学校的人不多，但是我个人认为它和加州伯克利其实差不多。它发展超级快，教学质量非常好，给本科生的研究机会特别多，它开设一个叫“工程（Engineering）”的本科专业，不分电子工程、机械工程等，这样学生可以学到跨主要的工程专业要求的知识。另外，它和其他学校共享资源。这样学生会有很多的机会，

很多时候，这个学校有什么特点，这个学校的学生就有什么特点。如果申请者和大学的风格不是很契合，被录取了去了这个学校，也可能过得不好。

罗金洲：有时学校也会问你“为什么要学这个专业”，你对这类文书是怎么写的呢？

赵时雨：这点我有很多话要说，因为我从小到大的经历（比如拆家里电器的经历）、学习情况、竞赛成绩，都证明我对工程专业非常感兴趣。其实我现在还没有确定具体是工程的哪个方向，很多方向我都非常有兴趣，目前只要不是化学工程就行，可以到了大学后再慢慢探索。

罗金洲：你高中时参加的印象比较深的活动是什么？

赵时雨：是2009年1月去美国宾夕法尼亚大学参加MUN（Model United Nations，模拟联合国活动）。当时国内有一家机构，在我们高中推荐了这个机会，我报名参加了，当时整个浙江省去了二十多人，基本上都是我们杭州外国语学校的学生。能被选拔去美国参加这个活动，和全世界各地的学生们一起用英语讨论一些国际政治问题，这对我的能力是一种肯定。

我当时代表的是德国，我们的议题是讨论哥伦比亚一个游击组织是恐

怖组织还是正义组织。委内瑞拉说它是一个正义组织，德国代表欧盟，态度很坚定，认为它是一个恐怖组织。大会一刚开始，大家就吵得很凶。以我们当时掌握的资料，其实想完全确定它是正义组织或恐怖组织很困难。我上台演讲陈述我们的立场和观点，去游说别人接受我们的观点，后面写了一些决议草案（Draft Resolution）等文件。

罗金洲：参加这次模联，你遇到的最大挑战是什么？

赵时雨：最大的挑战是刚开始听不懂别人的英语，其实这是自己给自己的压力。在国内，大家如果英语不好，基本上都差不多，但是参加这种模联，很多学生母语就是英语，还有很多学生英语虽然是他们的外语，但是说得非常棒。他们又说得很快，确实听起来很有挑战，不过我告诉自己静下来仔细听，稳住后，发现其实是能听懂的，最后也顺利地完成了活动的议程。

罗金洲：这次活动带给你什么感悟呢？

赵时雨：我发现，在英语环境下学习和交流的挑战不像自己以前想象的那么大。在去美国以前，我在杭州也和老外沟通过，日常交流一下衣食住行没问题。我主要担心的是，正式交流起学术问题，我的英语可能就完全不够用了。但这次去宾大参加的模联，完全就是用英文讨论学术问题，到后面我可以用英文和别人比较深入地探讨学术性很强的问题，这证明我以前的担忧已经解决了。这个经历增强了我去美国生活和学习的信心，更加坚定了我申请美国大学的想法，所以一回国我就立即投入到了SAT和托福的学习。

罗金洲：你还开展过哪些课外活动呢？

赵时雨：我参加过挺多的志愿者活动。我在我们高中成立了环保社，策划了很多活动，如在学校设置分类垃圾箱，倡导大家进行垃圾分类，放映环保类主题的电影等等。

我前面说到我们学校的五大节日，每个节日我都积极去参加。我上台演出戏剧的时候比较多，英语节上去演英语戏剧，文艺节和文化节也会上台演各种戏剧。我没有演特别大的主角，但是每次的活动都会参加。有时候，我们一个节目就要排练一个月。学校的科技节，我会推介我平时琢磨的一些小发明、小设计。初三时我和同学一起参加水火箭的比赛，我们用了一周多的时间做了一个水火箭，飞了两层半楼房那么高。这些都是我觉得很有意思的经历。

罗金洲：你参加过一些学术类的竞赛吗？

赵时雨：我高一的时候参加了希望杯数学竞赛，获得了全国三等奖。后来参加了全国高中物理竞赛，获得了省级一等奖、全国二等奖，还参加全国应用物理竞赛，获得了全国一等奖。

我们参加全国应用物理竞赛前，需要做实验。我们去了杭州的一所大学的实验室做这些实验。一个星期下来，消耗了好多器材，也损坏了一些器材。但是要做实验和研究，这些都是必不可少的。

罗金洲：申请加州理工的竞争特别激烈，每年在国内一般只招个位数的本科学生，你觉得学校为什么会录取你？

赵时雨：我觉得想要进加州理工这一类的学校，申请者每个方面都要比较好，高中平时成绩、托福、SAT，平时生活要丰富多彩，参加的活动要有特色、有质量，申请写的文章也要好。加州理工和麻省理工都比较看重学术竞赛奖项，这也可以反映你的学术能力和未来发展的潜力吧。

罗金洲：你对后来的申请者有哪些建议呢？

赵时雨：第一，一定要做一些自己喜欢的事情。有些人喜欢音乐，有些人喜欢美术，当自己发自内心喜欢一个领域，一定要坚持下去，不论将来对申请大学是否有利，都要坚持下去。

第二，各类成绩非常重要。经常会有人说起，有的学生GPA很低，结果被某个名校录取，或者SAT考得不好，结果被某个名校破格录取。这些情况我觉得是非常少见的。对于一个正在准备申请大学的高中生来说，平时成绩、托福、SAT这些都要尽量考到比较好的成绩。不然进入名校是非常非常难的。

第三，在申请的过程中稳住心态，不要太忐忑、患得患失。历年来这些大学的录取过程和结果都还是比较公平的，这说明他们的录取标准比较稳定，有一定的客观性。那么，你尽力做好自己能做的，按这些要求的标准一项一项去达成就好了，最后的录取结果一定不会亏待你。

罗金洲：谢谢你的建议，祝你在加州理工学业有成！

赵时雨：谢谢你！

拾贝

- 我选大学的时候主要是看美国大学工程方面的排名，不过，不是看美国新闻与世界报道（US News）给出的排名，而是我自己做的排名。

- 我不想用金钱的投入产出来计算一段教育值不值，教育是没法用钱来衡量的。

- 尽量稳住自己的心态，这对申请非常重要。

- 很多时候，这个学校有什么特点，这个学校的学生就有什么特点。

- 一定要做一些自己喜欢的事情。当自己发自内心喜欢一个领域，一定要坚持下去。

第十章 我在宾大读双学位

——宾夕法尼亚大学学生屈灵溪访谈录

1740年，富兰克林秉承“注重实际应用的新型教育”的理念创建了宾夕法尼亚大学（简称“宾大”）。屈灵溪进入宾大后，同时在工程学院攻读系统工程和在沃顿商学院攻读信息管理两个本科学位。在这里，她亲身体验到了宾大的“实用主义教育”，受益良多。她也用亲身的经历，对比了中国高中和美国高中教学的差异，用实例描述了美国高中怎样培养学生的创新思维和能力。一起看看她的思想和经历吧！

罗金洲：灵溪，先简单讲讲你申请的经过吧？

屈灵溪：我现在在宾夕法尼亚大学，同时在读两个专业，在工程学院读系统工程专业，二学位是在沃顿商学院学习信息管理专业。我的高中是在麻省的康科德中学（Concord Academy），在那里读了9年级到12年级。我去美国读高中是因为我爸爸当时有个机会外派到美国工作两年，他就把我妈妈和我都带过去了。那时候是六年以前，2008年，当时想去美国读高中的人很少。我刚去康科德中学的时候，是我们学校第一个来自中国的学生。

罗金洲：你当时觉得申请康科德学院有挑战吗？

屈灵溪：我读六年级的时候，在中国想去美国上高中的人凤毛麟角。当时我爸爸帮我选了学校，我自己写了申请文书。我只是考了托福，当时很多稍微好一点的高中都要求SSAT，就是“小赛达”，我没有考，这对我的录取造成了比较大的影响。

罗金洲：因为你在美国读的高中，这样在申请大学的时候会有一定的优势。你能够简单描述一下你高中的生活吗？

屈灵溪：我们高中是比较好的。当时我们学校住校和走读的学生都有。我是走读，和我妈妈住在一起。刚到学校的时候，我比较内向、孤独。我9年级和10年级不太努力，大部分成绩是B，后面我开始努力，在11年级和12年级成绩就越来越好了。

罗金洲：你觉得在中国上中学和在美国上中学，有哪些最大的不同点？

屈灵溪：首先，我在美国完全没有班集体的感觉，美国是走班制，没有固定的班级。在国内大家会分在同一个班，会有那种相亲相爱的感觉。

第二，学习方面，国内是应试教育，天天做题。在国内的课堂上，很少看到学生主动向老师问问题；如果老师问学生问题，学生回答也不像美国课堂这么积极。但是美国的课堂上，学生经常问问题，老师也鼓励学生问问题，通过讨论寻找问题的答案，而不是老师直接告诉你答案。

第三，美国这边比较重视学生的全面发展。比如体育课，我们高中规定三个学期中必须有两个学期上体育课。国内学校常会有体育课变成语文数学课的情况。我在美国的高中有很多俱乐部和各种活动，这样学生能通过这些活动锻炼各个方面的能力。

罗金洲：你觉得除了你所在的美国高中比较重视体育课以外，你还觉得还有在其他方面表现出学校重视学生全面发展这一点吗？

屈灵溪：学校会让你做很多东西。比如为了上课，老师可能让你找一些海报，或者网上找一些图片，让你做Research，把它的特点总结出来，然后回来跟大家汇报，发挥你的创造力、想象力、独立思考能力。我觉得这些我在中国锻炼不到，所以我很感谢美国锻炼了我这些能力。

罗金洲：能否举两个具体的在高中做研究的例子？

屈灵溪：比如说，老师让我们读了《了不起的盖茨比》这本书后，让我们找一张能衬托书的主人公或主题的图片，来自己设计这本书封面。大家找好了后回到教室一起分享，你会看到班上十五六个人不同的想法。大家找了各种各样不同的图片，也有的人自己画了这本书的封面。

罗金洲：找一张图片作为书的封面看上去简单，但实际上你需要读懂这本书，对书的内容、对主人公的性格有透彻的理解。

屈灵溪：是的，我当时想了很久，最后找的一张图片是黑白的，一个男人举着一把伞，像一个剪影，背对着观众。因为我觉得盖茨比这个人很神秘，这张图能反映他这个特点。我选择了黑白色调，是因为盖茨比的最终结局不好。

罗金洲：还能再举一个例子吗？

屈灵溪：我们在10年级的时候，要写一篇美国历史的研究论文（Research Paper），要写10～12页A4纸，双倍行距。你要自己确定写什么题目，老师会帮你逐步缩小题目的范围，因为太大了驾驭不了。我当时选定的研究课题是，1945年第二次世界大战结束的时候，美国很多人从城市迁移到农村居住，我觉得这个现象很有意思，我想研究这背后的原因是什么。我从图书馆借了一大堆书，查了很多资料，关于当时的经济、政治、文化的数据。不光是整理史实，还需要整合前人对这个问题的观点，我也提出了我自己的观点。

罗金洲：你在康科德中学的时间一般是怎么安排的呢？

屈灵溪：我一般是早上8点前出宿舍，8点吃早餐，我们的一个早餐是自助。然后我们去一个礼拜堂，不是做礼拜，而是听学校12年级的同学讲故事。每个人都可以去那里对大家讲故事，每次15分钟，他可以分享任何东西。

我们早上8:40开始上课，上午上五节课，然后吃午饭，下午还有三节短一点的课。到下午三点课就结束了，走读生就可以回家，住宿生就会在学校做各种体育活动。一般下午的时候，我就打篮球、去健身房，玩飞盘，或者做作业。

我们的晚自修是从晚上7：30开始到9：30，走读生不需要上这些。住宿生上完晚自修以后，是一些自由活动时间。晚上10点到10点半，大家洗漱一下就睡觉了。

罗金洲：你在康科德的晚自修和在国内中学的晚自修有什么不同吗？

屈灵溪：是差不多的，晚自修就是我们在那里安静地做作业，会有一个老师过来监督纪律，但是没有老师过来讲题。

罗金洲：你觉得在美国读高中时老师的教学方式、与学生互动的方式和你在中国读初中的时候有哪些区别？

屈灵溪：美国高中老师在课堂上和学生讨论非常多，特别是英语文学课，几乎不讨论就活不下去。老师总是鼓励学生，鼓励学生自己去寻找答案；在国内考试有标准答案，在美国这边是没有标准答案的。因为每个问题，你看它的角度不同，理解的方法也不同，只要你自己说得有道理，能自圆其说就会得分。老师们在教你的过程中也是在不断地学习。

罗金洲：创造性是大家都非常重视的品质。你们高中有哪些方法在培养学生的创造力呢？

屈灵溪：我能直接想到的有两点。第一，12年级的学生可以做Senior Project（12年级项目）。你可以做一个你想做的东西，比如你想画画，写一部小说，想做陶艺，甚至是想造一架小飞机，学校都会支持你。

第二，这边的学生可以做独立研究（Independent Study）。你可以研究一个领域，比如你想研究心理学、经济学、历史当中的一个课题，你可以找一个老师做你的导师。老师们都见多识广，他会建议你买一些书自学。导师会定期给你一些指导和测试，你研究完以后写论文。如果你想学更高深的计算机知识，你也可以找一个老师做你的导师，这样你就可以学我们高中没有开设的课程中的知识。这些学校都会支持你。

罗金洲：你这两个例子举得特别好。你在美国读了四年高中，在准备托福、SAT考试方面是否觉得难度不大？

屈灵溪：美国读了高中以后，托福真的就是小菜。在美国读高中，听和说的锻炼很多，然后阅读锻炼也很多，所以听力、口语、阅读难度不大。但是SAT好难啊，里面的文章比较难读懂，题目给的选项也比较模糊，这个也可能对，那个也可能对。SAT阅读对我来说还是有很大压力。作文的难度也不小。我SAT考了三次。

罗金洲：你是从什么时候开始去挑选学校、准备申请文书的呢？

屈灵溪：我们学校是统一的，我们学校给每个学生都会分配一个大学申请顾问（College Counselor），一位申请顾问会负责三四十个学生。在11年级的寒假，顾问就让我们选学校，我们上网搜索自己感兴趣的学校，到了11年级下学期开始筛选学校。在11年级的春假、寒假就去College Visit，就是去各个学校参观。11年级的暑假我们基本上把学校定下来了，我们就开始填写Common Application网申表格。11年级的暑假开始我们就不停地写文书、改文书。

罗金洲：当时你申请了哪些学校呢？

屈灵溪：我申请了9所，我们的申请顾问（Counselor）建议我们申请10所以内，因为他知道中国家长希望广撒网，但是他希望我们保证质量，而不是光顾数量。因为每个学校都要写一到三篇Essay，每一篇都不太一样，如果申请10所，要写的Essay的量就会很多。我选的时候是分三档，第一是冲刺档，第二是中间档，第三是保底档。我按各个学校的录取率，比如10%以下、15%左右等等，把这些学校分成不同的档。当时我比较喜欢哈佛、宾大、利哈伊、纽约大学等等。我的ED申请的是宾夕法尼亚大学，12月份拿到了Offer，就解放了哈哈。

罗金洲：宾大哪些地方让你觉得很好呢？

屈灵溪：我对于这个申请结果没有任何遗憾。宾大要我，我感动得不行。当时访问大学（College Visit）的时候，我就特别喜欢宾大，我想申请宾大，因为可以申请双学位，我又想学商科，又想学工程。宾大有个特殊的Program（项目），可以同时在工程学院和沃顿商学院修双学位。我先录取到了工程院校，后来申请双学位也申请到了。

我非常喜欢它的地理位置：它在城市旁边，又不在城市里。有些大学在城市里面，没有明显的校园，没有上大学的感觉。那种校园建在山里的学校，我又觉得太与世隔绝了。宾大的位置刚刚好。学校有哥特式的建筑，像个小镇，有自己的街道、商店，有大学的感觉。我也一直喜欢东海岸。所有这些特点宾大都齐了。

罗金洲：在宾大读了两年后，你现在是更加庆幸当初的决定，还是稍稍有点后悔当初的决定？

屈灵溪：我更庆幸我当初的决定。我很喜欢这里。在这里上课是很累的，我们很拼，大家都是一根弦紧绷着，松不下来。很多学生因为这里竞争太激烈而不喜欢这里。而我喜欢在竞争中成长，我觉得这个地方挺适合我的。

罗金洲：你在宾大的时间一般是怎么安排的呢？

屈灵溪：我一般选的都是比较早的课，这样我能早点起。我一般9点到12点上两节课。中午的话我有时候自己做饭，因为家里有厨房，或者去食堂吃饭。中午吃完饭，下午做作业。我下午三点钟的时候可能还有一节课。一天中的大部分时间是在学习的，周末也是在学习。

学校的考试很多，动不动就考试，大量的考试，每次考试占最后分数15%或20%，这个星期考这一门，下个星期考下一门。一旦开始就不会停下来：考试、复习、写作业。

罗金洲：有一个说法，如果宾大要求学生去做一件事情的话，学生的第一反应是，做这件事情能拿到学分吗？你觉得这个说法符合宾大学生的特点吗？

屈灵溪：啊，可能宾大的学生特别强调结果，比较实用主义，他们会为了一个目的去做事情。当初本杰明·富兰克林创建这个学校，是强调Practical Education（实用主义教育）。学生学什么专业不重要，他希望学生到了社会上，各种需要的知识和技能都有，能够胜任社会上需要的各种工作。

罗金洲：富兰克林创建宾大几百年后，在现在宾大的教学和文化里面，会明显看到富兰克林的影响吗？

屈灵溪：是的。追求实际，这个价值观深深印在每个学生的心里，几百年来一直流传下来。比如说我们学校有一条路，上面刻的都是富兰克林的名言。

罗金洲：你从高中进入宾大后，遇到的最大挑战是什么？

屈灵溪：是申请双学位。大家都知道，申请沃顿的双学位，录取率比较低。一般只能申请三次：第一学年结束可以申请一次，第二学年中期可以额申请一次，第二学年结束可以申请一次。因为大家都想进沃顿嘛，所以竞争比较激烈。我第一、第二次申请都没有成功，我第一专业成绩也很好，课外活动也做得很多，Essay也很用心在写，但不知道为什么没有录取我。但第三次申请我终于被录取了，我的第二学位是在沃顿读信息管理。

第二学位申请上后，两边的毕业要求我都要满足，工程专业这边我要修40门课左右，商科专业那边我修35门课左右。这样我每学期都要上很多课，比如上学期我修了7门课，大三的上学期我会修6门课，但其他只修一个学位的同学一学期是修四五门课，所以我要单独交一张表格，申请多修课。我们这边很多中国学生很勤奋，都修双学位。我想拿到双学位，但是和他们一样四年毕业，所以要多修一些课。今年比较重要的事情是找工作。我今年就要开始实习，大三的实习表现如果好的话，实习单位可能直接给工作Offer。

罗金洲：中国学生是否比来自南美或欧洲的学生更勤奋一些？

屈灵溪：是，不过南美的学生也很勤奋啊，只不过中国学生更勤奋一些。

罗金洲：关于“你为什么选择宾大”这篇Essay，你是怎么写的呢？

屈灵溪：我写了三个方面的内容：一是我喜欢这个项目；二是宾大给我一种不一样的感觉，我在参观学校的时候，想象自己在这所大学读书，觉得这就是我想要学习的地方；三是宾大追求实际的校风，而我自己就是一个追求实际的人。

罗金洲：在宾大读了两年，你对学校“实用主义”的价值观有哪些感受？

屈灵溪：宾大强调学以致用。不是哪门课实用，而是整个体系实用。现在学的东西都是有用的东西，不管是数学、统计，还是写作，学的东西以后用得上。并不是每一门课都很学以致用，而是整个系统比较实用。

拿沃顿开设的课程来说，学生要学金融、会计、管理、商业谈判，很多很多不同的课。各个专业之间只有四五门课不一样，其他课都是一样的。这样商业的各个方面的知识你都知道。这就是为什么用人单位喜欢来我们学校，因为我们学校的人什么方面的知识都懂一些。

罗金洲：你能回忆一下参加宾大面试的经历吗？

屈灵溪：当时是校友过来我们高中面试我，在学校的一间教室面试了我40分钟，基本上在聊一些家长里短的事情，也聊了一些有趣的话题。比如说他问我，如果你走进一间空教室，你会坐在第几排？再比如，如果你有一天早上醒来，你完全自由，你会怎么活？当时我对第二个问题的回答是，我会去和朋友唱歌，带着相机去旅行。我想如果让我现在回答，我会答得更好。

罗金洲：美国顶尖学校申请竞争非常激烈，你觉得你在申请方面哪些地方做得比较好呢？

屈灵溪：我的成绩GPA不算高，在我们班上没有进前10%。但是我做了很多课外活动，像俱乐部活动、社区服务、志愿者活动。我还在一个帮助美国人收养外国儿童的机构服务过一段时间。我加入了学校的红十字会，参加了他们的Food Pantry（食品储藏室）活动，帮忙打包食物，分发给当地的流浪汉等需要的人。我每周六的早上8点到12点都会去做这个活动，我一直坚持了两年。我觉得做义工，持之以恒非常重要。

我的Essay写得不错。我的Common Personal Essay写的是我为什么喜欢坐地铁，国内的地铁比较吵闹，大家可能在地铁上想的是要去哪里。但是我是一个享受过程的人，我喜欢在地铁里观察不同的人。在这一刻，我们车厢的人都在做一件共同的事情。我觉得这么多人和我一起坐地铁是一件奇妙的事情。地铁从A点到B点，在A点或者B点，我的想法是我要做一个三好学生、一个乖女儿，但是从A点到B点之间的这个过程中，我可以自由地想象我可以成为什么样的人。我没有写我的特长，但是我表达了我是一个什么样的人。

罗金洲：你用了一种比较新奇的视角去观察大家司空见惯的生活，比较新颖。如果让你给国内后来的申请者一些建议的话，你会给哪些建议？

屈灵溪：首先是选择你喜欢的学校，而不是大家都认为好的学校，匹配度很重要。其次，你要想怎么让招生官记住你，招生官会看无数的文章，你要让招生官记住你。第三，大家都说软实力重要，但是如果你标准化考试成绩太烂的话，其他软的东西再好也发挥不上用场。所以这些硬实力，比如GPA、托福、SAT要考好。

罗金洲：从你前面的讲述，可以看到你父母对你倾注了很多爱，非常精心地在培养你。那么你父母在培养你方面哪些地方做得比较好呢？

屈灵溪：我爸妈头脑很开放。他们比较关注我想要什么，而不是他们想要什么。如果我成绩掉下来了，他们不会骂我，而是会说，是不是因为你刚到美国不太适应，你慢慢适应适应吧，成绩会变好的。对我大学选专业，他们也是尊重我想学什么，我想变成什么样的人，而不是他们想让我变成什么样的人。他们告诉我凡事一定要讲道理，不能因为要一样东西而在地上打滚。我父母一直教我做什么事情都不要轻易放弃。比如说我弹钢琴，刚开始学得很起劲，但后来就不想学了，我妈妈就一直鼓励我，不断给我一个个小的目标，最后我还是考到了十级。

罗金洲：每个人对成功都有不同的定义，你个人觉得什么是成功？

屈灵溪：我希望我以后的生活能做着我喜欢的工作，我希望进入市场、咨询领域，我个人比较喜欢数据分析，然后能赚到够我花的钱。我希望我能做一个对社会有用的人，不管在什么企业，希望我能对这个公司尽到自己的责任，同时也能够拿到一份自己满意的薪水。

罗金洲：现在很多大学生很困惑，我不知道外面用人单位要什么，我也不知道在大学阶段应该怎么样去获得外面单位要求的那些技能。如果你将来想去咨询业，你觉得咨询企业可能需要什么样的能力，你为此做了哪些准备？

屈灵溪：在大学不是为了学而学，不是为了拿文凭，而是将来企业愿意用你，你需要在大学培养自己的能力。首先是需要团队合作的能力，这需要在小组合作中培养。其次需要数据分析的能力，这需要反复练习。再次需要做PPT的能力，要会归纳总结，把一件大的事情分解成很多细节，进行规划，化繁为简的能力。然后你要想办法解决问题的能力。客户会提出各种问题，比如我想要进入中国市场，该如何进入？你需要找到解决方案，比如你需要调查某种产品的市场容量，你可以从上往下找数据，也可以从下往上找数据，可以采访一些专业人士来得到有效的数据。当然，你还要有执行力，你只是有好的点子还不够，你必须要有执行力。

罗金洲：对于即将到美国读大一的学生，你有哪些经验可以分享给他们吗？

屈灵溪：如果遇到选课、学习等方面的问题，就多请学长学姐帮忙。在大学不要撒欢地去玩，但也不要把自己逼得太紧，一天到晚只知道学习。大学只有一次，如果你整天只知道学习，未来一定会后悔的。

罗金洲：你有哪些关于时间管理的经验？

屈灵溪：作业能早做就早做，今天布置的作业就今天做，努力就要一开始就努力，赶早不赶晚，不要拖到最后一刻再努力。工作做完了就神清气爽了。

罗金洲：如何度过大学生活，你还有哪些经验？

屈灵溪：多做自己喜欢做的事情，不常见的朋友也不要漏掉。在一所好的大学里，很多人很厉害。你想找具备什么才能的人，都可以找到。庞大的校友关系很重要，所以要注意扩展人脉（Network）。人和人的关系分为强关系（Strong Relation）和弱关系（Weak Relation）。弱关系其实非常重要。你朋友的朋友，你的一些不常联系的朋友，能帮他们就帮他们。因为研究表明，弱关系带给一个人的工作和事业发展机会其实比强关系更多，作用更大。

罗金洲：这和中国文化里的广结善缘有点像，平时能够帮到别人的地方，就帮一下，说不定哪天他就在某个关键的时候可以再回来帮到你。

屈灵溪：是这样。

罗金洲：你读完了本科之后，接下来有什么计划？是工作还是再接着读硕士？

屈灵溪：我目前打算会先工作，先积累几年工作经验，然后未来有机会再读MBA。

罗金洲：非常感谢你接受我的采访，然后也祝你在接下来的两年里面能够顺利拿到两个学位，享受你的大学生活。

屈灵溪：谢谢你！

拾贝

- 在美国的课堂上，学生经常问问题，老师也鼓励学生问问题，通过讨论寻找问题的答案，而不是老师直接告诉你答案。

- 美国这边比较重视学生的全面发展。比如体育课，我们高中规定三个学期中必须有两个学期上体育课。国内学校常会有体育课变成语文数学课的情况。我在美国的高中有很多俱乐部和各种活动，这样学生能通过这些活动锻炼各个方面的能力。

- 美国高中老师在课堂上和学生讨论非常多，特别是英语文学课，几乎不讨论就活不下去。老师总是鼓励学生，鼓励学生自己去寻找答案；在国内考试有标准答案，在美国这边是没有标准答案的。

- 当初本杰明·富兰克林创建这个学校，是强调实用主义教育（Practical Education）。学生学什么专业不重要，他希望学生到了社会上，各种需要的知识和技能都有，能够胜任社会上需要的各种工作。

- 宾大强调学以致用。不是哪门课实用，而是整个体系实用。现在学的东西都是有用的东西，不管是数学、统计，还是写作，学的东西以后用得上。并不是每一门课都很学以致用，而是整个系统比较实用。

- 选择你喜欢的学校，而不是大家都认为好的学校，匹配度很重要。

- 我爸妈头脑很开放。他们比较关注我想要什么，而不是他们想要什么。对我大学选专业，他们也是尊重我想学什么，我想变成什么样的人，而不是他们想让我变成什么样的人。

- **人和人的关系分为强关系（Strong Relation）和弱关系（Weak Relation）。弱关系带给一个人的工作和事业发展机会其实比强关系更多，作用更大。**

第十一章 理论和思辨的乐趣：这里是芝加哥大学

——芝加哥大学学生成笑伦访谈录

成笑伦在拿到牛津大学、香港大学和芝加哥大学三所世界一流名校的录取后，最终选择了芝加哥大学。在五年之后再回顾当初的决定，他认为自己做了正确的选择。他在一个典型的知识分子家庭出生和成长。父母一直是潜移默化地用高标准来要求他，他也一直这样要求自己，这样双重努力的结果，是从小到大伴随他的评价都是“优秀”。

在成笑伦即将进入芝加哥大学前的那个暑假，我们采访了他。五年之后，他已经回到中国开始工作，我们再次采访了他。我们可以透过访谈录，看到他在这两个时间段的不同思想和经历。他在中国和美国的顶尖高中都就读过，在他眼中中美高中教育教学的差异是什么？他是如何度过他的大学生活的？芝加哥大学的教育给他的一生带来了怎样的影响？

罗金洲：笑伦，你当时申请了哪些大学？

成笑伦：我既申请了美国，又申请了英国和我国香港特区的大学。美国那边，芝加哥大学早期录取（Early Action）中有幸被录取，牛津和港大也录取了我。

罗金洲：申请结果挺不错的。你当时在美国就读的高中是？

成笑伦：我在佩迪学校（Peddie School）读的高中。

罗金洲：人大附中在国内是非常牛的学校了，当时是什么因素驱动你转学到美国读高中呢？

成笑伦：第一方面，人大附中是汉语教学，这样的环境对我考托福、SAT、提高英语能力不是很有帮助。如果我去美国上高中，可以直接在英文教学的情况下学习。

第二，人大附中课业压力比较大，这样我参加课外活动、准备留学申请的时间会比较有限。

另外，去美国读高中还可以提早熟悉一下美国的教育和生活环境，对申请大学有一些帮助。

罗金洲：你在人大附中和佩迪都读过，你觉得这两所学校教学方面有哪些差异？

成笑伦：这个很不好说，因为两个学校的体系是完全不一样的。我觉得佩迪的理科教学在深度上不如人大附中、但在广度上应该说远远超过了中国国内的体系，文科教学也比国内的体系先进得多。佩迪的学生们不像人大附中的学生们那么有强烈的竞争意识。

罗金洲：还有哪些差异呢？

成笑伦：中国有高考，高中三年学的知识要在一次考试中考查，所以你需要把高中三年的知识融会贯通，这样才能考出好成绩。

美国不是这样。美国高中生全国性的考试有SAT、ACT、AP，但考试的要求都不是特别高。你把今年的课学完了以后就考，考完了就完了。明年再学明年的课，考试也是考明年的知识，不会再和今年的知识综合在一起考。这样，美国的中学生对基础知识的掌握其实并不是那么扎实，有点像掰玉米，掰一个扔一个。

美国高中生用计算器用得比较多，导致他们中很多人计算能力很差。笔算是有好处的，你用笔算算多了之后，对很多内在的数学规律会掌握得比一直用计算器的学生要好。

此外，美国高中对数学没有中国抓得这么紧，看得这么重。

罗金洲：两边的教材方面有什么差异呢？

成笑伦：中国的高中课本内容并不是很难，书上的练习题，谁学懂了前面讲解的内容都会做。但是考试就比书里的知识和练习题难很多。平时的考试是这样，高考更是这样。你只会做书上的练习题是不会考高分的。

美国不是这样。但是美国教材里的知识难度是什么级别，考试的难度就是什么级别，不会拔高。这是我的一个理解。以化学为例，它要求你掌握的理论知识很多，很系统，讲各种分子间的作用力，讲化学键，但是计算的要求很简单。中国爱出物质推导题，告诉你某种物质的一些特征，让你推导它的分子式。我在美国从来没见过这类题。

中国的教材很薄，美国的教材很厚。美国的教材一般是1 000页左右，学一年，里面讲的知识很系统，要做的实验很多。美国教材要求学生掌握的知识理论性比中国的教材更强。

罗金洲：大家在学习的知识点方面有哪些区别？

成笑伦：中国高中学生学的知识面没有那么宽，但是学得很深。中国对所有学生的知识要求是一样的。美国正好相反：学的知识面很宽，但是学得不深。学生们还有自主选择不同难度课程的权利。比如说数学，分为几何一、几何二、代数一、代数二、AP微积分、线性代数、多元微积分等等，你想学什么难度的课程都有对应的课程提供给你。

美国教材的知识面很广，像物理会讲到旋转力矩，国内是不讲的。美国的考试很直接，学电阻就考电阻，学力矩就考力矩，分得很清楚。

罗金洲：你在国内的时候参加过数学竞赛吗？

成笑伦：参加过：小学的时候得过北京市二等奖，初中的时候得过北京市三等奖。但来到佩迪，我的数学成绩是班上的第一。

罗金洲：你在美国参加过数学竞赛吗？

成笑伦：我分别参加过两次AMC和AIME。

AMC全称是American Mathematics Competition（美国数学竞赛）。其中，AMC8是美国初中数学竞赛，是针对八年级以下学生的数学科测试，有些小学四年级～六年级的优秀学生也可以参加，该竞赛开始于1985年，于每年11月中旬的一个星期二举行。AMC8竞赛内容与美国七年级、八年级数学大纲相对应，包括（但不局限于）整数、分数、小数、百分数、比例、数论、日常的几何、面积、体积、概率及统计、逻辑推理等。获得高分的部分学生将受邀参加美国高中数学竞赛AMC10。

AMC10是美国高中数学竞赛中的一项，是针对高中一年级及初中三年级学生的数学测试，该竞赛开始于2000年，分A赛和B赛，于每年的2月初和2月中举行，学生可任选参加一项即可。在AMC10测试中在所有参赛者中排名前2.5％的学生可受邀参加美国数学邀请赛（AIME），分数线约为120分（每年分数线会根据整体情况有所调整）。

AMC12是针对高中学生的数学测验，该竞赛开始于2000年，分A赛和B赛，于每年的2月初和2月中举行，学生可任选参加一项即可。以荣誉证书（Honor Roll）来说，成绩100分以上或者更准确地说是全球考生成绩前5％，才有可能获得荣誉证书，并受邀参加美国数学邀请赛（AIME）。

AIME全称American Invitational Mathematics Examination，是介于AMC10、AMC12及美国数学奥林匹克竞赛（USAMO）之间的一个数学竞赛。竞赛开始于1983年，在每年的3月底举行。在AMC12测试中得分在100分以上或成绩在所有参赛者中排名前5％的学生，以及在AMC10测试中成绩在所有参赛者中排名前2.5％的学生可被邀请参加AIME数学竞赛。

罗金洲：非常好，你大概是从什么时候起开始启动申请大学的呢？

成笑伦：我在人大附中读完了高二，到佩迪又读了11年级，相当于重读了国内的高二。我是从11年级的下半年开始准备申请大学的，查各种学校的资料，准备托福SAT考试。我SAT考试第一次的分数并不是很高，但第二次就不错了。

罗金洲：*你参加过哪些学校的面试？*

成笑伦：参加过牛津的面试。牛津本来是想当面面试，但是我说来不及办签证，所以学校帮我安排了视频面试。当时是一位经济系教授和一位管理系教授面试我。他们问的全是跟专业有关的问题，比如你对目前的经济趋势怎么看等等。经济系教授问了我三道数学题。

罗金洲：*你对各个申请材料的重要性是怎么看的？*

成笑伦：我还是比较看重GPA。因为学校课业其实压力不小，学校哪次考试考不好你GPA就下去了。人大附的90分和另一所学校的90分含金量是不一样的。如果不能改变学校，那就尽量让自己的GPA高一些。

SAT非常重要，因为SAT的难度和评价标准是全球统一的。

Essay主要不在于辞藻，而在于思路清晰，表达内容清楚。写之前我先想好我要表达我是一个什么样的人，我有哪些特点和与众不同的地方，我这个文章的思路是什么，我想表达什么意思，比如我这个人很有趣，或者我这个人有思想，或者我这个人很关心社会等等。写好后再修改，让思路更清晰，语言更精炼，这样就可以了。

推荐信方面，只要你找老师给你写推荐信，他答应了，一般来说他不会写差。推荐信主要取决于老师的写作能力。老师的头衔高一级或低一级差异不大。

我很建议大家有时间多做一些义工。也许20个小时义工不算什么，但是后面再坚持做，效果就会越来越好。做的话就要尽量把它做好。

罗金洲：你在Common Personal Essay里面主要写了什么内容呢？

成笑伦：我写的是我去支教，我看到了中国迎接北京奥运会时很好很繁荣的一面，也看到了农村落后的一面。

罗金洲：当时为什么想到要写这个题材呢？

成笑伦：我喜欢写一些对立、对比的东西，真实的社会是由很多不同的方面不同的角度构成的统一体。

罗金洲：你在高中开展过哪些社会活动呢？

成笑伦：在美国的第二年，我是佩迪学校的数学俱乐部的主席，还是校报的副主编。

罗金洲：你在佩迪的时间一般是怎么安排的呢？

成笑伦：我一般是早上7:00起床，7:20洗完澡，穿好衣服背上书包去吃早餐，去上课，上到下午3点。之后跑一小时田径，跑到将近4:30，自由活动到吃晚饭，然后回房间写作业。

罗金洲：那一般写作业写到晚上几点？

成笑伦：我一般写到半夜12:00的样子。我如果睡眠少了第二天脑子就有点转不过来，特别明显的是，我的英语口语在熬夜后第二天会变差，说起来没那么流利。

罗金洲：刚去美国高中的时候听课有困难吗？

成笑伦：听老师讲课也不难，老师讲课其实语速比较慢，用词尽量简单，老师怕你不明白他会一遍一遍地讲，用不同的方式讲，直到你明白。听老师讲课是一件容易的事，完全没有不适应这个情况。

但是，我去佩迪之后，掌握美国高中的学习规律花了一些时间，比如说以什么速度阅读、课前如何预习等，我花了一些时间去适应，因为国外高中的学习规律和国内的高中不一样。

罗金洲：如果允许时光倒流一次，在佩迪这两年你可以从头再来的话，你打算做哪些改变呢？

成笑伦：我会把课程选得更难一点，课外零散的时间更加充实一些。

罗金洲：你父母在培养你成长方面有哪些特别的方法吗？

成笑伦：我觉得没有特别的做法，因为父母都是名校毕业的，从小理所当然的就是高标准要求，习惯了也就成了自身的一部分。

罗金洲：在接下来四年大学生活里你有什么样的打算？

成笑伦：少浪费时间，四年过后回头不后悔。

罗金洲：你在芝加哥的专业是什么？什么促使你选择这个专业？

成笑伦：我学习的是经济和计算机。芝加哥大学的经济专业非常有名，也契合我的兴趣，能够得到这样难得的机会，自然也不会放过。计算机从高中开始就是我喜欢的学科，是一种重要的思维方式方法，也是未来必备的技能。

罗金洲：你在芝加哥的日常学习和生活的时间一般是怎么安排的呢？

成笑伦：其实没有什么所谓日常学习和生活的安排，芝加哥大学课业负担很重，刚开始去的时候一直在忙于奔命，到了第三年、第四年，由于找工作的关系，安排就更加紧了。周围治安并不是十分理想，出去玩的风险反而给了我更多学习的时间。由于个人生活习惯，我睡得比较晚，所以也不会选特别早的课。

罗金洲：教授要求你们的每学期课外阅读量大约是多少？完成这些阅读的挑战是什么？四年下来，你觉得有哪些受益？

成笑伦：在芝加哥大学的环境下来说，大量的阅读实际上是在课内完成的，因为我们有全美大学最严格的通识教育，包括了大量的文科阅读写作课，在课内就会读许多马克思、亚当·斯密、柏拉图等跨时代的作品，每堂课动辄上百页的阅读作业。刚开始的时候阅读速度跟不上确实非常辛苦，因为这些原著的语法和词汇选择和现代英语有一些差异。加上其他非阅读课的阅读作业，比如艺术、生物等，四年下来阅读量相当可观，阅读速度、思辨能力和写作水平应该有了不小的提高，也更能理解西方的思维方式。

罗金洲：你在芝加哥大学上的课分为哪几种？（比如Lecture、Seminar，Lab等）分别上课的方式和特点是什么？

成笑伦：大概如你所说分三种，Lecture是大课，可能有50～100人左右，教授按照自己的喜好用PPT或者抄板书，学生在下边记笔记，大多数教授对出勤没有要求。Seminar和Lab是小课，出勤要求高。Seminar对阅读以及参与讨论的程度占课程分数的一大部分。一般来说，理科或者文科的专业课都是Lecture和Seminar，或者Lecture和Lab一起并行的。

罗金洲：芝加哥的教授以及他们的教学方法有哪些地方让你觉得确实是很厉害？

成笑伦：我可能也不到能够评价教授教学的水平，简单讲一下芝加哥大学教学的特点，就是以理论为主，实践技能比较少，当然这也不绝对。有些同学不太理解，觉得像一些校友在上课中顺便就帮助了学生找工作面试不是也很好？我现在回过头来看，对于大多数人来说，工作中的技能很容易学会，但是这些理论的、务虚的、纯粹的、思辨的内容，这一辈子可能也不会有第二次机会再有，所以现在想起来也是很认同。

罗金洲：在四年的芝加哥大学教育中，最让你受益的地方是什么？

成笑伦：有幸在芝加哥大学受到了通识教育、博雅教育，这一点是我特别感激的。如果我在别的学校念经济或者计算机，可能直到毕业也不会有机会读到古代的哲学著作、近代的政治著作、马克思的原文书籍，不会学习艺术史和音乐，不会了解最尖端的基因技术。大多数人在大学毕业后，或者是直接进入职场，或者是继续在专业领域继续深造。所以能够在本科阶段全面、系统增加对世界和社会的认识，是我一生的宝贵经验和财富。

在芝加哥大学，我提升了我的自学能力。在求知过程中，很重要的一个方面就是自学能力。现在这个时代是多么幸运，想了解学习任何问题都是前所未有的简单：不需要寻找权威，甚至不需要去图书馆披星戴月，键盘上按几个按钮就能得到许多答案。接下来的问题就是如何高效了解自己的需求、高效找到自己需要的资料、高效判断信息的真伪并形成自己的观点。

这个求知的过程对我的世界观形成并产生了巨大的影响。芝加哥这座城市里的种族冲突、贫富差距、暴力犯罪混杂着繁荣的商业和旅游业、市中心的干净整洁，伴随着我整个求学之旅，颠覆了我之前一些非黑即白的刻板印象，慢慢形成了自己关于现实和理想、理论与实践、个人与社会的思考。

罗金洲：按你观察，你觉得美国的大学教育和中国的大学教育有哪些差异？

成笑伦：我并没有中国大学的经验，回答不一定准确。独立思考什么的不提了，差异很多。美国大学把大学生当负责的成年人而不是需要管教的小孩子，时间的安排分配、课程专业的选择、职业方向的探索，学校仅提供相应的资源而不会主动干预。这样的好处，是学生真正的翻身做自己的主人，自己做选择同时自己对自己负责。这样四年过去以后，走向社会的时候基本无缝衔接。

另外一个层次是，中国有个相对标准的轨道，上重点学校、学奥数、考北大、去找拿钱最多的工作，实际上是社会给了你一个目标，你只需要考虑怎么有效达到这个目标。如果达不到这个目标，次好的目标是什么也很清晰，可以说像是一个一维单调的函数。在美国，你可以选择把成绩提高，也可以选择把课外工作做好，还可以选择把体育运动做出成绩，这几项都对找工作有帮助。从找工作来讲，你可以选择热门的投行、咨询，也可以选择法学院、医学院，还可以选择做创业，事实上都是不错的结果，没有什么三六九等。这是一个了解自己、发现自己的兴趣和性格的绝佳机会，这样能找最适合自己的选择。当然，这也是美国经济比较发达的一个侧面，做什么样的工作都可以生活的比较体面，中国还没有这样的物质基础。

罗金洲：以你的亲身经历，你怎么看待芝加哥学派？

成笑伦：我没有从事经济学专业的工作或者研究，可能不到可以评价芝加哥学派的程度。

罗金洲：可否大致讲讲你找工作的经过？

成笑伦：找工作其实是个比较标准的流程。大一、大二是放养阶段，大三暑期的实习很关键，很多工作这个时候就会发Offer，如果没有拿到，大四一年基本上都要花心思。学校提供的资源包括定期的就业辅导、校友社交以及不定期的招聘会，但和工作面试直接相关的内容都要靠自己。

拾贝

- 美国的中学生对基础知识的掌握其实并不是那么扎实，有点像掰玉米，掰一个扔一个。

- 美国高中生用计算器用得比较多，导致他们中很多人计算能力很差。笔算是有好处的，你用笔算算多了之后，对很多内在的数学规律会掌握得比一直用计算器的学生要好。

- 中国高中学生学的知识面没有那么宽，但是学得很深。中国对所有学生的知识要求是一样的。美国正好相反：学的知识面很宽，但是学得不深。

- Essay主要不在于辞藻，而在于思路清晰，表达内容清楚。写之前先想好要表达自己是一个什么样的人，有哪些特点和与众不同的地方，文章的思路是什么，想表达什么意思，比如我这个人很有趣，或者我这个人有思想，或者我这个人很关心社会等等。

- 如果再读一次高中，我会把课程选得更难一点，课外零散的时间更加充实一些。

- 在芝加哥大学的环境下来说，大量的阅读实际上是在课内完成的，因为我们有全美大学最严格的通识教育，包括大量的文科阅读写作课，在课内就会读许多马克思、亚当·斯密、柏拉图等跨时代的作品，每堂课动辄上百页的阅读作业。

- 芝加哥大学教学的特点，就是以理论为主，实践技能比较少。工作中的技能很容易学会，但是这些理论的、务虚的、纯粹的思辨的内容，这一辈子可能也不会有第二次机会再有。

- 有幸在芝加哥大学受到了通识教育、博雅教育，这一点是我特别感激的。如果我在别的学校念经济或者计算机，可能直到毕业也不会有机会读到古代的哲学著作、近代的政治著作、马克思的原文书籍，学习艺术史和音乐、了解最尖端的基因技术。

- 能够在本科阶段全面、系统增加对世界和社会的认识，这是我一生的宝贵经验和财富。

- 美国大学把大学生当负责的成年人而不是需要管教的小孩子，时间的安排分配、课程专业的选择、职业方向的探索，学校仅提供相应的资源而不会主动干预。这样的好处，是学生真正翻身做自己的主人，自己做选择同时自己对自己负责。这样四年过去以后，走向社会的时候基本无缝衔接。

第十二章 这样掌握三门外语

——耶鲁大学学生任思远访谈录

本科毕业的时候，任思远已经能熟练运用四门语言作为工具学习和工作：汉语、英语、德语和日语。这一方面是因为他的语言天赋，一方面是因为父母在从小引导他学习语言的兴趣、培养他学习语言能力方面，采用了科学和有效的方法。也是因为他在德语方面持之以恒的学习和积累，他获得了很多独特的机会：加入高中的德语社、参加德语奥林匹克、获得德国外交部奖学金、“公费”前往德国短期学习德语……这些都是对他天赋和恒心的回报。他是怎么做到这一切的？他在学习外语方面有哪些独到的方法呢？

罗金洲：思远，能先大致讲一下你申请的经过吗?

任思远：我的高中是在深圳中学。当时深圳有几所高中，深圳中学、深圳实验学校、深圳外国语学校和深圳高级中学，开设了出国班，我们深圳中学称之为出国单元。我高一时就进了我们高中的出国单元。

我是高二开始陆续参加托福、SAT的考试，考了两次SAT，最高的一次是2200分，考了一次托福，是118分。我对我的这个SAT分数不是很满意，其实SAT需要比较多的做题和考试的经验，而我认为自己不是一个“考试型”的学生。

这些分数考出来之后，我开始选学校，写这些学校要求的申请文书。我当时申请了六所常春藤的学校，还有一些非常春藤的学校。其实我当时最想进的大学是莱斯大学（Rice University)，因为我们班上有人早期决定申请莱斯大学被录取了。我觉得自己也比较有希望被这所学校录取，学校又很不错。我虽然申请了耶鲁，但当时只是想试一下，我觉得我是不可能进耶鲁的。

我来的第一份Offer 就是莱斯大学的。这是我当时有些盲目喜欢的学校。那天早上，我收到莱斯大学Offer时，有一种幸福狂躁的感觉，我马上就去网上搜深圳飞休斯敦的机票是多少钱，哈哈。后来，出乎我意料，耶鲁和哥伦比亚竟然也都录取了我。另外，卡耐基梅隆、纽约大学、南加大、弗吉尼亚大学也录取了我。

罗金洲：能回忆一下参加耶鲁面试的情况吗?

任思远：因为本身没有抱太大希望，所以当我收到耶鲁的面试邀请邮件时，觉得很意外。面试我的是刚从耶鲁毕业的一个学生，在我国香港特区的一所大学做助教。整个面试过程中我很放松，因为是一个和我年纪差不多的人面试我。我们从喜欢的乐器聊到我的家庭，聊到美国政治，聊到耶鲁和哈佛这个学校的风格和特点有哪些区别、它们有什么矛盾，我们一起聊了三个多小时。我是一个很喜欢讲话的人，他也非常有兴趣听我讲，所以整个面试基本上是以我讲为主。

我觉得我的一个优势，是我的英语确实比很多学生要好。我认识一些综合能力比我强的学生，但是因为英语不够好，不能在这种英文环境下很好地表达自己，导致申请的结果不够好，这很遗憾。

罗金洲：你用了哪些方法学习英语呢？

任思远：我觉得自己受益很大的一个语言学习方法，是使劲阅读。在我爸爸的要求下，我初中开始读《悲惨世界》《双城记》《简·爱》，读各种英文小说，简写版和原著，读各种英文新闻报道。那其实是一段痛苦的日子，我每天逼着自己读大量的英文材料。我尝试了各种读书方法，比如学习BBC（英国广播公司）的新闻，我先把新闻抄下来，分析它的写作手法、修辞手法，它的用词、句子好在哪里，以后在自己的写作中借鉴。最后反复朗读，直到能够朗诵。英语一定要多看、多听、多说，多用高水准的材料。

当时很多单词都不认识，不认识就查，查了忘，忘了再查。按照我爸爸的理论，当一个单词你查到第10遍的时候，就永远不会忘了。我爸爸教过我英文词根、词缀的知识，按照词根、词缀来记单词，掌握了规律，确实效率要高很多。有时候看多了，碰到一个新的单词，拆解一下词根、词缀，也能猜出这个单词是什么意思，大多数情况下能猜对，这也挺有意思的。我现在学德语，发现德语和拉丁语一样，很多词也有词根词缀的规律，这都是在当年学习过程中掌握的方法。

罗金洲：看来你爸爸对你学英语的影响很大。

任思远：是的。我爸爸自己的英语水平就很好。他一般只有周末才回家，但他每个周末都在家带我，不让我出去玩，带着我学各种英语素材。我当时很反对，因为我想出去玩，但是他一直强制我学。我小学时，他带我学了新概念第三册和第四册。初中时，我的手机和MP3里装的是我爸爸强制要求我听的美国之音（VOA）慢速英语和美国有线电视新闻网（CNN）的节目，坐车的时候听，走路的时候听，休息的时候听，这样慢慢地我的英语听力越来越好了。

这些听过的语段，他让我在家里**大声朗读，大声背诵，大胆地用英文去表达**。

他还要求我将每篇VOA新闻稿都翻译出来。初中时我的翻译刚刚起步，后来翻译多了，能力也锻炼得越来越高。到后面，我琢磨的是怎么把英文的精髓翻译出来。

他为了锻炼我的写作能力，让我每天写英文日记。他让我看一些名家的英文作品。有一段时间，他逼我看茨威格的作品。茨威格写故事的造诣非常好，我觉得比狄更斯好一些。我当时反复读茨威格的作品，揣摩、学习他的写作方法。

罗金洲：你现在怎么看待你爸爸对你的教育方法？

任思远：小的时候我是很反对的，但是现在我很感谢他对我的这种严厉教育。我现在有这样的外语水平，和他当年的严厉教育是分不开的。当然，**他不是单纯的严厉，他既严厉又开明**，我对他是又爱又恨。

我们家里参考国外的教育方法的地方很多，比如注意激发兴趣，注重开放的头脑，重视培养批判性思维，再结合中式家庭教育的严厉的因素，我就是在这样的环境下成长起来的。我爸爸一直告诉我，**眼睛永远要向外看。在别人还在和周围的同伴比较的时候，你要看国际上别人是怎么做的？别人是怎么在学英语？在关注什么问题？他们怎么思考问题？**

罗金洲：你的父母在做人和品格培养方面还带给你哪些影响？

任思远：我父母的性格比较好。其实**在一个家庭中，孩子和父母性格会很像**。比如我一般情况下比较认真，但和同学、朋友在一起时也经常调侃，偶尔会装一下幽默，这些都是受父母影响。

我觉得我父母的教育思想还是挺好的。不过，他们逼迫我学习的地方，有些我是感激他们的，有些我不是很赞同。可能在我身上吸取了经验，现在他们在家里教育我妹妹时，方式就温和多了，哈哈。

罗金洲：你觉得申请期间遇到的最大挑战是什么？

任思远：我申请期间其实没有什么压力。在我看来，**申请就像一个作业，要填表格，要写很多英文文章**。有人抱怨写这些申请文书时没有题材，没有点子，我因为经历比较多，素材比较丰富，所以这对我来说不是一个问题。

如果说有挑战，那就是在申请期间时间的调配，我要上课，要和家人一起，要和朋友一起，申请也需要花很多时间。这些时间我都需要安排好。

罗金洲：你印象深刻的Essay有哪几篇？

任思远：其实我对自己当时写的文书都比较满意，写好之后，我发给我们英语老师，我们英语老师会给出一些修改意见，然后我接着修改。Commonapp的主文书，我第一稿、第二稿是用第一人称写的，第三稿就大胆地改为第三人称了。我把自己的几段经历揉在一起，像拍一部关于自己的电影一样，文章里所有的“He（他）”其实都是“I（我自己）”。拿拍电影来打比方的话，如果一名导演想拍自己，那他就可以找一个人来演他。既然是电影，那就不是传记。

我写了我学习德语的经历。我小时候很喜欢看军事史，特别是二战历史，我对二战的那些战役什么时候开始，什么时候结束，经过、结果和影响，都会去细致了解。很多描述二战的一手著作是俄语写的，俄语我看了头疼，所以我从初中开始学德语。在Commonapp的主文书里，我写了为什么学德语，我在学校成立德语社的故事，我到德国交流时的见闻，当时发生了什么事情……

我现在在耶鲁的专业是政治科学和日语。我觉得我学语言有天赋，学英语和德语的过程虽然有痛苦，但是成效非常好。我现在荷兰语也可以看懂一些，当然还处在一知半解的水平，哈哈。**人们经常说成功是99%的汗水加上1%天赋，其实那1%的天赋是非常重要的**。我对语言有天生的亲近感。如果在耶鲁只能学一门课，我会选语言课。

罗金洲：很多学校都要求写一篇Essay，阐述你为什么要选择这个学

校，你觉得这类Essay应该怎么写？

任思远：我认为写这类文书的重心不是学校怎么样，而是你自己怎么样，你是什么样的人？你的目标是什么？为什么到这个学校能帮助你实现目标？当然有人把重心放在学校，写出了对学校深刻的了解，这样学校会觉得你比较有诚意，如果录取了你，你非常可能会来，这样学校也比较愿意录取你。

罗金洲：你在高中学了AP课程吗？

任思远：我高二的时候学了AP的微观经济、英语和数学。高三学了AP的宏观经济学、计算机科学和欧洲历史。但我高三考AP的时候，大学的录取结果已经出了。

罗金洲：你有哪些兴趣爱好？

任思远：我喜欢各种运动、骑单车、跳舞、参加乐团、阅读。我喜欢吹黑管，考到了9级，一直练古典音乐。我喜欢和朋友聊天，也关心国际、国内的各种政治、经济话题。

罗金洲：你高中阶段参与或组织了什么重要的课外活动？

任思远：因为一直在自学德语，在高中时我加入了学校的德语社，在里面组织大家一起学德语，看德语文章，练习德语。顺便说一句，现在学德语的人越来越多了，我觉得德语快要从一个小众语言变成大众语言了。

我是我们高中模拟联合国协会的副秘书长，组织了学校的一些模联活动，也参加了一些模联比赛。当时我对政治的了解不算多，但好在英语比较好，所以比赛成绩也不错。

我们学校有很多社团。可能其他有些学校的社团活动只是形式，但是我们学校很支持我们学生的活动。我和几个同学一起创办了一本文学杂志《Nova》。这个名字是我取的，Nova是拉丁文“新”的意思。我们经常聚在一起Brainstorm（顺便说一下，我认为这个词翻译成“集思广益”更好），讨论文章质量。我们的一些文章对我们学校有毫无保留的批评，学校也比较宽容。

罗金洲：你有出国交流的经历吗？

任思远：我第一次出国，是拿德国外交部的奖学金去德国学习，第二次出国是去欧洲旅游，第三次是去德国交换。

高一的时候，因为我在学校德语社的表现，拿到了德国外交部的奖学金，“公费”去德国上了为期三周的德语班。那次全世界一共有80个人拿到这个奖学金，中国拿到的不超过10个人。我们当时住在一个交通发达、物资丰富的小镇上。和当地的人交流，我切身体会到了什么是真正的德国文化。在那里，我知道了一个德语水平的评价标准是：谁的名词掌握得多，谁的德语水准就越好。那次去德国的最大收获是：第一次体验了在完全说德语的情境下，怎么用德语来全方位交流；在那里，人生第一次被一个女生喜欢。还有，第一次过海关，第一次倒时差，第一次看到小数点用逗号表示，第一次见到太阳晚上九点多才落下，第一次看到风车，第一次看到麦田这么壮观，第一次坐火车上车不用检票，到车上才检票。

第三次是我上了耶鲁之后，到德国巴登－符腾堡州，在海德堡大学交换了1个月，在那里用德语学经济理论。我从那边的教授和学生身上学到不少新的东西，他们如何规划自己的职业。傍晚，我们在莱茵河边烧烤。有点半度假半学习的意思。现在我还能回忆起那里包豪斯风格建筑大色块带给我的视觉冲击，还有书香和油漆混合的味道。耶鲁的宿舍没有厨房，我是在德国的大学宿舍里第一次有了自己的厨房。

罗金洲：现在回过头来看，你的申请有哪些做得比较好的地方，哪些不够好的地方？

任思远：第一，我没有浪费时间。我差不多从高一就开始准备，参加各项考试，组织各项活动，成立社团，参加体育活动，这些都没有落下。

第二，注重提高自己各方面的素质和能力。即使到了高三，申请也不是你唯一的事情，你可以同时完成很多事情，让自己变得丰富和充实。我觉得我做的都是一些挺平凡的活动，这些大学录取我，应该不是因为活动很出彩。现在总结的话，我觉得很多美国大学录取学生时，如果你成绩过关的情况下，会非常看重你的性格，可能是我的性格特质促使学校录取了我。

如果让我再申请一次，我基本上还是会用同样的做法，只是写申请文章可能会更有经验，写得更好一些。

罗金洲：你在耶鲁的一天的时间一般是怎么安排的呢？

任思远：拿我最近的一个学期来说吧。我一般早上起来，第一节课一般是日语课，上课要完全用日语。上完课后，中午我一般要睡个午觉，不然下午就挂了（精力跟不上）。下午会有其他的课。没有课的时候，或者晚上，我会去参加活动。我每个学期参加的活动不一样，大一我加入了一个乐队，跳国标舞和拉丁舞。大二也参加了跳舞，隔一天一次。大二我还参加了自行车队，下午或晚上练习社团活动。

活动参加完了就回宿舍写作业，经常写到半夜2点。所以我第二天一般要睡午觉，不然就完蛋了。

罗金洲：为什么不放弃一些课外活动呢？这样有更多时间写作业，也可以多睡会儿。

任思远：不，这样的话，我的生活会崩溃的。学习确实对我比较有吸引力。但是我希望生活丰富多彩。如果单纯只是学习，或者参加的活动太少了，这样的大学生活不完整。

罗金洲：耶鲁有哪些地方让你觉得在这里学习非常受益？

任思远：其实好的学校都差不多。哪怕我现在去了哈佛，你问我，我的感受估计也差不多：在耶鲁，我很高兴和幸运，和一群非常优秀的学生一起上课，和顶尖的教授一起讨论学术，这些都是世界上最优秀的头脑，这种体验不可比拟。这里的课程、作业、研讨、研究，会让你觉得非常充实，这是一个持续的有挑战的经历。如果用形容词来描述，那就是Rewarding（值得的）和Always Challenging（一直有挑战的）。

罗金洲：你感觉耶鲁的教学有哪些比较好的地方？

任思远：我们上的课可以简单分为两类，一类是大课，一类是小课（讨论课）。其实美国大学的大课和中国大学是一样的，我不觉得教学形式上有什么区别。但耶鲁很多课都是小课，往往一个老师教十几个学生甚至几个学生，老师一般都是这个领域的领头人之一，在全国甚至世界范围内都是如此，这样授课和讨论质量就很高了。在耶鲁，我们很多课结课不是用考试，而是用写论文，这也是个很严峻的考验。

罗金洲：为什么中国大学和美国大学教学质量会有差异呢？

任思远：总体来说，美国大学教授比中国大学教授水准高，专心教书的老师比中国大学多。美国这边的教师评价体系会更科学一些，教材的质量和水准更高一些，另外美国大学对学生社团的支持、就业的辅导和支持力度都会更大。国内的大学需要再进一步去行政化。另外，中国大学的教学质量问题，其实有一部分是小学、中学教学质量问题带来的，这些问题不能都怪到大学头上。

还有，上课用的语言也会导致一些教学质量上的差别：中文比较会含蓄，有比较多的敬语、客套和礼节，这样学生和老师交流时无形中会有一些束缚。但是如果在课堂上说英语，会让你放得开，比较直率，没有那么多的客套，和教授交流时思维和表达会更自由。师生交流的质量提高了，教学质量也会提高。

罗金洲：这个角度很新颖。那么，你眼中成功的标准是什么？

任思远：现在在我们学校，我周围看到的都是成功的人。在我看来，一个人没有找到方向就是不成功的。如果一个人找到了自己的方向，正在向这个方向努力，就是成功的。

罗金洲：你现在最大的梦想是什么？

任思远：目前比较近的计划，是想体验一下爱情的感觉，充实一下自己的感情生活。比较远的计划，是活出一个人样，活出一个食人间烟火的样子。

拾贝

- 我觉得自己受益很大的一个语言学习方法，是使劲阅读。

- 当一个单词你查到第10遍的时候，就永远不会忘了。

- 大声朗读，大声背诵，大胆地用英文去表达。

- 眼睛永远要向外看。在别人还在和周围的同伴比较的时候，你要看国际上别人是怎么做的?

- 即使到了高三，申请也不是你唯一的事情，你可以同时完成很多事情，让自己变得丰富和充实。

- 很多美国大学录取学生时，如果你成绩过关的情况下，会非常看重你的性格。

- 一个人没有找到自己的方向就是不成功。如果一个人找到了自己的方向，正在向这个方向努力，这就是成功。

第十三章

本科之后再读本科

——哥伦比亚大学学生魏娜访谈录

魏娜的学习经历和99%的中国学生不同。她从中国的一流名校中国人民大学本科毕业后，没有选择去国外读硕士、博士，而是选择到国外再读第二个本科。她的这个想法是如何产生的？在这条极少有人走的路上，她是怎么找到相应的资源、路径、方法，然后一步一步实现自己内心的愿望的？魏娜在中国人民大学、在日本的九州产业大学、在美国的哥伦比亚大学读过本科，她如何看待中国和日本、中国和美国、美国和日本大学教育的差异？我们从对话中可以细心体会到她独特的思维模式和思想方法论。

罗金洲：魏娜，你当时申请了哪些学校？

魏娜：我申请了两轮，第一轮申请了牛津大学，第二轮申请了哥伦比亚，只申请了这两所。我的目标很明确，就是要读第二个学士学位，目标专业是政治学和经济学。

2006年8月我从日本回来，9月提交了申请给牛津大学，10月提交了雅思成绩，非常仓促，所以我第一轮申请失败了。

后来我考虑去美国。我申请的哥伦比亚大学School of General Studies（SGS）（通用研究学院）是每年两次入学。我2007年5月份提交的申请，7月份就拿到了哥伦比亚大学的Offer。

罗金洲：你为什么在人民大学这样一所一流名校拿到了本科学位之后，还会想到要去国外去读第二个本科而不是硕士呢？

魏娜：我当年报的人大的专业，第一个是国际关系，第二个是金融，但是我在人大并没有进入第一志愿，而是被调剂到日语专业。我当时的想法是，我并不一定要学这两个专业，可以尝试新的东西，所以调剂到日语专业后，我觉得日语也非常有意思。我在人大的四年过得也非常开心。老师都是非常好的老师。学校也给我提供了很好的机会，让我去日本交换一年，学到了不少东西，当然也玩了不少的地方。**去日本的那一年对我的震动非常大：两国的经济发展水平、人民的日常生活状况、思考问题的方式都是完全不一样的。**在日本的时候，我也考虑过继续读和日本有关的专业，比如说日语语言学、中日关系，都是可以的，但我还是忘不了当时的初衷——我想深入学习政治学和经济学。另外我想去不同的地方，所以选择了申请英国和美国的学校。

罗金洲：你在哥大被录取的专业是？

魏娜：两个专业都录取了我：政治学和经济学。哥大经济学相关的专业有纯经济学、经济学和政治学、经济学和哲学、经济学与数学、经济学与管理学等。我这个项目学这两个专业要修59个学分，相当于一个半专业的学分量。

罗金洲：你在申请的时候遇到过哪些困难呢？

魏娜：申请牛津的时候，打印推荐信的纸张不够好，各种材料的打印、设计也不够用心，应该是一个教训。但其他地方我是比较顺利的。我当时去哥大的时候是有两封推荐信，一封是高中的班主任，一封我在人大日语系的系主任，两个老师都非常好，当时几乎是我一说老师就帮我写，所以没有遇到任何麻烦。

罗金洲：当时你只申请了哥伦比亚这一所美国大学，你不觉得这样会有很大的风险吗？

魏娜：因为当时那个时间点能够申请、也适合我申请的大学只有这一所。如果这一所申不上，我后面还会再申其他学校。当时我对国外大学的知识和了解真是少之又少，选大学的时候很茫然。**我就把常春藤盟校一个一个找出来，看哪所学校开设第二学士项目，然后哪所学校有我最想读的经济学和政治学这两个专业。**我查询到哥大的时候，发现它提供第二学士项目，又开设我特别喜欢的政治学专业，入学时间又非常灵活，几乎是在各方面都满足我当时的要求，所以我就申请了。现在我都觉得自己非常幸运。

罗金洲：你在整个申请的过程中遇到的最大挑战是什么？

魏娜：缺乏自信。国外的教育是什么样的？国外的学生是什么样的？我在这个竞争中能不能适应国外的标准？我对这些问题是完全没有概念的。也许后来拿到录取通知书的时候，我可以说我被录取是理所当然的。但其实在申请的时候我是非常没有谱的，这个过程中其实没有遇到那种技术层面上的困难，**关键是有没有信念和信心支撑自己走完整个申请的过程。**

罗金洲：你是怎么备考你的托福和雅思的呢？

魏娜：我考了一次雅思一次托福。考雅思那一次非常失败，当时是翻船翻在了口语上，当时去考雅思的时候超常发挥，写作和听力都考得非常好，结果考口试的时候迟到了，然后跟人家考官聊天的时候觉得很放松，觉得自己口语完全没有问题。但最后我的总分是7.5，听力8.0，阅读7.5，写作7，口语6.5，哈哈。所以我当时拿到这个雅思成绩之后就觉得，完了，这回牛津是很悬了。

后来我决定要去美国了之后，当天晚上开始找学校的时候就报名托福了。11月报名，第二年3月份参加的考试，中间的寒假背了词汇，做了真题。还好那次发挥不是很差，最后就达到了录取要求。

罗金洲：你雅思7.5，托福105，都非常高，日语又学得非常好，你学外语有哪些好的方法吗？

魏娜：我很喜欢学外语。我对外语的兴趣很浓厚，感兴趣的话就能学得特别顺畅。学外语就是要花时间，没有不付出就能做得非常好的事情，至少现在我没有遇到这样的人和事。

罗金洲：你印象最深的一篇Essay是哪一篇？

魏娜：我写过两篇PS，一篇写给牛津大学，一篇写给哥伦比亚大学，然后两者的内容都比较类似，就是问你为什么想读这个专业，你将来的规划是什么。我两篇写得大同小异。给哥伦比亚大学那一版是基于给牛津大学那一版的基础上修改的。我写的内容大体是回答一个问题：我为什么要读经济学和政治学，我为什么要换一个专业？我就讲我当时是怎么样进入人大，怎么学日语，怎么在日本下定决心继续读经济学和政治学。我申请的是学士学位，所以不很偏重学术方面，而是偏重我个人的理想，以及我为什么对这个领域感兴趣。

罗金洲：你为什么对这个领域感兴趣呢？

魏娜：我出生以来，我们家的生活水平变化非常大。我三四岁的时候，我和妈妈还生活在农场里，我记得那时候连吃苹果的次数都非常少。我有两个姐姐，当时家里买点橘子什么的都有好几个人抢。现在，我们家的经济状况几乎是一年一个变化，等到我进入大学的时候，我们家的生活水平已经非常宽裕了，不用再去烦恼吃什么穿什么。这个过程给我的印象非常深刻——**在我看来，之所以我们家的生活状况会有这么大的改善，是因为国家政策的改变、经济体制的改变，主要是改革开放，这让我非常着迷。**

如果政治学和经济学对一个人、一个家庭的生活会产生这么大的影响，我不学的话会觉得非常不安。所以我在刚刚进入人大的时候，我就决定了，虽然我被调剂学了日语，但是我将来一定会好好学经济学和政治学。

其实经济学和政治学两者是不能分开的。如果你只学了其中一门而没有对另一门有深入了解、不能融会贯通的话，我觉得很难对政治和经济现象有全面深刻的理解。

我去了日本之后就发现，两个国家不只有文化上的差异、人民生活水平上的差异，还有对待事情不同的看法。比如说在对待朝鲜的问题上，中国人看法是这样，但日本人的看法又是那样。但是对我这个学语言专业的学生来说，我就只能从文化上去理解这个现象，这是不够用的。所以我想更深入地学习政治学和经济学。再加上我高中的时候就一直想学这两个专业，这两个因素叠加起来，让我想彻底深入地去学习政治学和经济学。当时非常理想主义，纯粹是为了学习。

罗金洲：关于文书中“为什么选哥伦比亚大学”这部分，你是怎么写的呢？

魏娜：首先是哥伦比亚大学有我想要学的专业；其次是学制的设计非常灵活，适合我的需求；第三个就是因为我所在的学院非常特殊。哥伦比亚大学3个本科学院：SEAS（School of Engineering and Applied Science）偏理工科方面，CC（Columbia College）偏重人文学科，再有一个就是GS（School of General Studies）。我所在的学院是GS。

我们学院有芭蕾舞演员，有海军陆战队士兵，各种背景的学生都有。我记得我在入学的时候有一个热身聚会，就是和我们同时入学的同学们一起见面认识。当时有一个同学告诉我，他是电影《霹雳娇娃》的导演，我听了非常吃惊：哇，这真是一件非常令人兴奋的事情。我当时已经本科毕业了，再和一些十七八岁的孩子在一起读书，总是觉得还是有一点不搭调。但是**真正和这样一个背景非常多元化的团体在一起学习生活让我觉得非常兴奋**。不过，我后来发现一旦开始上课，基本没什么时间来开展社交生活，大多数时间是在课堂上度过的。

罗金洲：你当时在申请哥大SGS学院的时候有没有面试呢？

魏娜：没有。我记得非常清楚，当时我是5月份申请，一般是4～6周就有结果，但是我等了大概两个月也没等到。当时我挺着急，如果我6周拿到offer，随后开始办签证，开始申请那边的住宿，时间安排会很充裕。那个时候我刚好毕业搬出了宿舍，我租住的地方网络还没开通，我就每天早上去附近的网吧上网查邮件，至少连续查了七八天，然后看到学校给我发了一封邮件，说我某个材料不合格，我就给人家重新补充寄了一份。我每天满头大汗地去查邮件这个状态持续了大概两周吧，最后那个网吧的工作人员都认识我了，每次都会问我，"上两块钱的是吗？"因为我每次查完邮件不到半个小时就走了。

我一直记得，那天我又去网吧，打开邮件就看到"Congratulations"（祝贺你），我当时就非常开心，一边上着网一边挨个打电话给家里人，说我被哥伦比亚大学录取了。当时给爸爸妈妈和姨妈呀，都给他们报了一圈，然后去前台结账的时候又跟那个小兄弟说我被哥伦比亚大学录取啦！

罗金洲：人生的喜悦呀！

魏娜：我当时觉得好开心，觉得终于得到这个机会了，这真是光辉的一天。虽然当时有点累，但是我真的特别开心，因为这是我一直想去的学校，我有时候会盲目地自豪，觉得哥伦比亚大学真的是非常好，即使它排名在全美第四，我也认为它是最好的，哈哈。

罗金洲：你在哥大的时间一般是怎么安排的呢？

魏娜：在哥大大部分时间学习是非常紧张的。不同的学生专业不一样，大家对时间的安排也不一样。我有同学在哥大商学院，我看他们就非常轻松，每到周四本科生就没有课，每周四晚上商学院的学生都会开Party（聚会）。你可以想象我们在周四的时候在那里做经济学的作业、他们在外面办Party那种感觉。同一个专业的学生选的课程不一样，或者你选的同一名字的课，但是上课的教授不一样，你的课业负担也都不一样，所以说每个人的时间安排差异很大。

罗金洲：咱们回顾一下，你在人民大学的时候，参加了哪些课外活动？

魏娜：我当时参加了两个社团，一个是我们外国语学院的学生会，另外一个是我们日语系创办的一个社团，称为樱花社。它当时是人大第二大社团，每年会有400～500个成员。我在学生会参加了文艺部和学习部，但是我个人其实比较倾向于参加文艺方面的活动，像一二九大合唱啊、朗诵大赛啊。樱花社的活动非常多，有面向学校的学生开放的日语班，放映日语电影等等。

罗金洲：参加这些社团后你有哪些收获？

魏娜：**在这些社团里，我和一些同学制订了一些共同的目标，一起磨合，一起努力，一起克服困难。首先是我交到了很多好朋友。第二，人不可能永远都是自己一个人在做事情，不论在学校还是进入公司，绝大多数时间都需要和团队一起合作。如果前面有这样的团队经历，在毕业后应聘的时候会有很大帮助。**我在找工作面试的时候，人家问我，“你有什么经历让你觉得你会是一个好的团队成员？”我给的例子就是我当时在人大做的这些事情。

我是外国语学院辩论队的成员。大一的时候参加过一些辩论比赛，大二的时候帮学弟学妹准备辩论赛。我先担任过学生会文艺部副部长，然后转到学习部，后面又做了副主席。我在做文艺部担任副部长的时候也帮助排练过合唱，在大一和大二两年都参加过学校的诗朗诵大赛。第一年的诗朗诵大赛是我的师姐做导演，第二年是我在导演。

在樱花社的时候，我有一个职责是去拉赞助。我去过日本大使馆文化中心拉过赞助，请他们提供书籍或者道具。在人大旁边有一家日本料理店，我们当时跑去跟人家拉赞助，没有拉到，但是对方答应我们办活动时在他们那里买寿司可以打折。

2005年的时候，北京发生了一次游行。我觉得情况非常特殊，非常适合开一次论坛，讲一下中日关系为什么会产生今天这样一个局面，我就联系了我们学校的一位教授开了一次论坛，让大家更了解目前的形势。

在樱花社里，我学会了怎么样去克服困难。因为樱花社开展活动是不容易的，毕竟宣传日本文化时，要考虑到很多中国同学对日本的印象可能不是那么好，在办活动的时候要非常注意校园内的气氛，还要注意到保持一个中立的形象，做事的时候要考虑外部的大环境。面对这些困难，我一直要考虑怎么给队友打气，怎么把我们面临的一个又一个困难转化成一个又一个机会，这对我来说真的是非常好的锻炼。

罗金洲：你是怎么得到去日本交换的机会的呢？

魏娜：我们日语系每年都会有一到两个去国外交换的名额，一般是在日本的不同大学。有时候是去早稻田，有时候是九州产业大学或其他大学。这个选拔是非常公开的，就是按照本科GPA的排名，系里GPA排名最高的同学就可以去那个给奖学金最高的日本大学交换。我去的那一年系里有两个名额，我的GPA排名第二，就去了九州产业大学。

罗金洲：你在九州产业大学学的什么专业呢？

魏娜：我大一大二的时候一直在努力学日语。如果要顺利毕业，我选修完人大规定的课程，再把日语一级考过了就好。所以我当时去九州产业大学那边一门日语的课都没选，只是把一级考过了。我在九州产业大学的国际文化学院学的国际交流专业，选课的时候想学什么就学什么。我当时学了政治学、欧美文化、韩国政治、历史呀等等，这些都是我一直想学的课程。

罗金洲：你在日本学习的时候，你觉得日本的教育和中国的教育有哪些不同？

魏娜：当时最直接的感觉就是我在日本的学习轻松多了。在人大的时候，因为分了班，可以看得到班上的同学都非常优秀、非常努力。但是在日本因为没有班集体，很少能看到别人是怎样学习的，这样我感受到的压力小很多。

罗金洲：还有哪些差别？

魏娜：我的回答可能是带有一定偏见的。我在国内和日本学的专业是不一样的，那么不同专业的教学方法肯定也是不一样的。我在国内念日语专业的时候，是以课堂教授为主，有很多课上讲解、课堂练习，然后课下也会做一些题来巩固课上学的知识。

但是在日本的时候，我因为选的是国际交流专业，除了课堂讲授，还有小组讨论。比如说老师每周给我们上两次课，然后会给我们布置一些阅读的作业，告诉我们下节课之前要把哪些部分读完，下次课在课堂上会讨论，然后还要做课堂报告（Presentation），跟人家讲为什么这个课题是值得研究的，你在做这个研究时的一些发现，这些发现带给你什么样新的认识。课堂上学生和学生之间的交流互动比国内大学多，不是坐在课堂上听老师讲这样一个单向地接受知识的过程。

我在日本的时候开始对这种比较开放、学生自主程度高的课程教学模式非常感兴趣。我想澄清一点，我这么说并不是说人民大学的学生们自主学习的能力不强，只是说我们日语专业的要求不是那样，我们也有课下研究、课上报告这些教学方式，只不过这个过程开始得比较晚。

教学的形式要根据课题的内容和班里的学生特点来定，不能一概而论。像经济学的基础课，一般都是大课，有一百多人或者两百多人。当然也有小班的课，比如写作课、文学课，一个班就只有十几二十人，这是根据课程来定的。

罗金洲：后来你到了哥伦比亚大学，那么你觉得九州产业大学和哥伦比亚大学的教学有哪些不同？

魏娜：美国这边的课堂教学更活跃一点。有时候学生会在课堂上站起来和教授争论，明明自己说的不对，但还是厚着脸皮和教授来争。我就是在美国练得脸皮比较厚。

但是在日本学生非常尊敬老师，上课也非常安静地坐在那里听讲，这是一个比较大的区别。但是如果说教学的形式，我觉得是非常接近的，很多课程专业的设置也是比较类似。

罗金洲：你在哥大参与了哪些课外的活动呢？

魏娜：我在哥大的时候最大的一部分时间是花在读书上面，然后打工花的时间占第二位。最多的时候，我同时打三份工。第三位才是参加学生活动。我在哥大的学生电视台做了一学期记者，没有做多久，好玩而已。我还参加了哥伦比亚大学中国学生联谊会。每年我们哥大都会举办一次春节联欢晚会，2009年的那次春节晚会，我是总经理，从前期的宣传、到选演员选节目以及排练，还有最后的过场彩排、后台的调动，都是我组织的。

罗金洲：真厉害。

魏娜：这倒也说不上。我是希望多交一些朋友，大家开心就好。开学的时候哥大的学生会都会组织去接新生，或者带新生去开银行账户、开电话账户，或者去国际学生招待处办理相关的表格和手续。我当时也有带学生去办过这些事情。

罗金洲：在美国的学习很紧张，打一份工就已经很辛苦了，你当时打三份工的话应该是非常非常辛苦的，你是怎么安排时间的呢？

魏娜：其实也不是非常辛苦，因为我做的工作是比较轻松的，就是在学校的图书馆。我第一年是在学校的东亚图书馆，那时候我的上司非常好，他跟我说我什么时候有时间就去做，什么时候没有时间就不去，所以我每周都只去六七个小时。这是第一年。后来同时打三份工是在暑假的时候，当时我在两个图书馆打工，同时还做一份家教。到了第二年暑假，我同时在做两份家教和一份实习，这是我最大的工作量。

罗金洲：你做家教是教美国学生还是中国学生呢？

魏娜：我教的是美国学生，我教过他微观经济学、宏观经济学、计量经济学，还教过我教授的女儿汉语。我教的都是比我晚入学一个学期的师弟。虽说是师弟，但是人家的年纪比我大挺多，都有自己的公司了。他平常工作比较忙，上课的时候不可能每节课都去听。说起来是家教，但其实就是一起学而已，我最多只是帮他补充一下课上的内容，谈不上教，至少对我来说是很好的复习。有些课程内容我在学了之后都忘得差不多了，但是去教了他一遍，我又想起来了，相当于学了两遍，所以我的收获还是非常大的。

罗金洲：教是最好的学。美国顶尖名校选拔人才是非常苛刻的，现在想来，你觉得有哪些因素让你在这场竞争中胜出？

魏娜：我觉得第一个最基本的就是硬件条件，比如说英语能力、GPA。第二就是敢于尝试，因为这条路是非常不寻常的一条路。我不知道此前有多少学生尝试了这条路，但是我敢于去尝试，我愿意为自己的选择付出。我知道我自己想要的是什么，我能够根据自己的意愿找到相应的途径，找到自己想要的东西，而不是因为大家都在做这件事情所以我也要去做这件事情。

罗金洲：很好，你觉得美国的名校青睐什么样的学生？

魏娜：第一，这个学生进入到大学之后，他的学习能力能够胜任这个课程的难度和任务量。如果他们看了学生的背景之后，认为他来到这里，给他这样的条件，但他并不能够充分利用，那么这个资源就相当于浪费了。第二，我所见过的每个名校，都希望招来的本科生有领导力。对于高中生的领导力，一般是和社团活动有关的。大学会问你参加过什么样的活动，你是怎么样影响周围的人的，借助这些来判断你是否具有领导力。第三，我觉得是这个学生要有想法。第四，这个学生未来有发展潜力。

但是对于招收硕博学生来说，学校看重的主要是学生的学术能力和成就。比如我的一个室友是硕士生，今年念博士，她拿到了哈佛大学的校长奖学金，每年只有3～4个人能拿到这个奖学金，她就是其中一个。哈佛要看她的研究方向和她之前的成果，她的目标方向和导师的要求是否契合，所以说硕士和本科生的招生要求完全是两个不同的概念。

罗金洲：你在哥大上学的过程中遇到的最困难的事情是什么？

魏娜：最困难的不是上学方面，是工作、求职方面的事情。我经过一个学期之后，到第二个学期就适应了学校的教学方式，我很享受这个过程。但是我开始考虑就职的时候，正值2008年金融危机爆发。那时候我很多同学硕士毕业就直接回国了，因为美国根本没有太多就业机会。我是在2009年的夏天就开始考虑到底要去什么样的公司工作，但那个时候开始申实习就已经晚了。因为我又是外国人，从来没有过在公司工作的经历。我从2009年夏天起，一直找到2010年的四五月份，一直在找实习，一直找不到，那时候对我自信心的打击非常大，当时特别着急。

我们学校有个职业规划中心，对我们学生进行就职方面的培训，包括怎样写简历，怎样写求职信，怎样去搜索工作机会，怎样去见校友征求经验，各种各样的活动都参加过。这个过程很漫长，找工作、打工这些本来就很占时间，我又一直想这个事情，当时的成绩就变得有点不好，所以当时受到的打击非常大。后来一直到2010年的夏天，我才找到了两份实习，一份是在舞蹈公司，另一份是在律师事务所，但是我现在做的正式工作是咨询，和当时实习的内容差别还是非常大。

我终于在毕业前签了工作Offer，是一家德国咨询公司，总部在德国，我属于日本分公司。我们公司的咨询师、顾问每年都有6个月的时间去全球任意一家分公司工作。我现在是在北京出差，但长住是在东京。一年12个月中，我大概有10个月在东京。

罗金洲：祝贺你顺利找到工作，也祝你工作顺利！

魏娜：谢谢你！

拾贝

- 去日本那一年对我的震动非常大：两国的经济发展水平、人民的日常生活状况、思考问题的方式都是完全不一样的。

- 我就把常春藤盟校一个一个找出来，看哪所学校开设第二学士项目，然后哪所学校有我想最想读的经济学和政治学这两个专业。

- 关键是自己有没有那个信念和信心支撑自己走完整个申请的过程。

- 真正和这样一个的背景非常多元化的团体在一起学习生活让我觉得非常兴奋。

- 人不可能永远都是自己一个人在做事情，不论在学校还是进入公司，绝大多数时间都需要和团队一起合作。如果前面有这样的团队经历，在毕业后应聘的时候会有很大的帮助。

- 美国这边的课堂教学更活跃一点。有时候学生会在课堂上站起来和教授争论，明明自己说的不对，但还是厚着脸皮和教授来争。我就是在美国练得脸皮比较厚。

- 对于招收硕博学生来说，学校看重的主要是学生的学术能力和成就。

第十四章

『我喜欢挑战自己』

——宾夕法尼亚大学学生张悄然访谈录

追溯张悄然一路成长并进入宾夕法尼亚大学的轨迹，就可以发现，她一直在追求那些能带给她挑战的目标，不论是在高中有意多选高难度的课程，还是考SAT接近满分，还是考十几门AP课程，还是参加模拟法庭等等活动，她不仅迎难而上，而且都做出了出色的成绩，因为她信奉的理念是："我喜欢挑战自己"。她是怎么看待自己的成长经历和申请过程中的得失？她有哪些特别的学习方法？她是如何准备和应对面试的？让我们一起走进张悄然的世界。

罗金洲：你当时申请的大学有哪些？

张悄然：我申请的学校有宾夕法尼亚、哈佛、斯坦福、约翰霍普金斯、乔治城、马里兰、西北、耶鲁等等。

罗金洲：录取你的学校有哪些呢？

张悄然：有宾夕法尼亚、约翰霍普金斯、乔治城、马里兰和西北大学。我最后选择了宾大。

罗金洲：你9～12年级都是在美国Walter Johnson High School（沃尔特约翰逊高中）读，是什么情况下去美国读高中的呢？当时中国学生去美国读高中的风气并不浓。

张悄然：因为那时候我妈妈在美国马里兰州的国立卫生研究院做访问学者。我初中是在成都外国语学校读的。2006年那个暑假，我本来只是过去美国看看她，没打算要留下来。后来我妈妈帮我报了一个美国高中的班，让我跟当地学生一起上上课，体验一下在美国上学是什么感觉。我上了以后觉得挺好玩的，就决定留下来在美国读高中，就这样一直读到现在。

罗金洲：你总共考了几次SAT呢？

张悄然：我考了两次SAT1，最好的分数是2380；考了三科SAT2，化学、物理和数学（第二级），都是800。

罗金洲：挺不错，你是否考了AP？

张悄然：我考了挺多AP，有化学、美国政府、世界历史、英语文学、西班牙语、微积分BC、物理电磁学、物理力学、微观经济学、宏观经济学、乐理学等。我10年级考了2门AP，11年级考了五六门，12年级考了4门。我们学校AP课开设得很多，但是课程都不太难。

罗金洲：你在高中参加了哪些课外活动？

张悄然：我是我们高中校网球队的队员。我很喜欢打网球，我们网球队的人都很好，我很喜欢和他们一起的感觉，所以每次网球训练前我都盼望着早些去。我们一起训练，一起去参加比赛，这是我高中非常难忘的经历。

在高中阶段对我帮助很大的一个活动是模拟法庭。我刚去美国的时候，英文不是很好。**模拟法庭对我语言表达的锻炼作用非常非常大。不光是语言能力，也锻炼了我的判断力、思维能力和快速反应能力。**我10年级到12年级都参加了。在美国的冬赛季，我们会进行一整个月的训练，每个星期三次，每次两个半小时。参加模拟法庭的亚洲人很多。12年级的时候，我被老师任命为模拟法庭的主席。

模拟法庭上，所有的人分为两队，控方（Prosecution）和辩方（Defense），每边有六个证人。每次活动开始前都是抽签决定我是在控方还是辩方，所以我两边都需要准备。我扮演其中一个证人，然后大家模拟法庭交锋，显示双方做开放陈述（Open Statement），然后是自由辩论、陪审团质询（Jury Questioning），对方律师来诘问。在辩论的过程中你可以给对方设圈套，我觉得这个特别好玩。比如说上次我们做的是一个车祸的案例，我们就当事人脑袋有没有出血进行辩论。医生出具了一个CT扫描图，然后我们会突然问对方，你能指出这个图上的眼睛在哪里吗？如果你不知道，那你知道出血的地方在哪里？

第三个大的活动是合唱团。我参加了我们学校的合唱团，我们这边离华盛顿特区比较近，我们合唱团给奥巴马和布什都演唱过。

罗金洲：你是否有参加一些比赛？

张悄然：马里兰州有个音乐组织，称为MMTA，每年春天都会举办现场演奏比赛。我得过一等奖。

罗金洲：你有参加一些校外的活动吗？

张悄然：当时我妈妈在一家卫生研究院研究镰刀形红细胞贫血症（Sickle Cell Anemia），他们是从基因层面研究这个疾病的发病机理和治疗方案。我是过去打下手的，在那里参与了一个月的研究，学会了不少生物的知识和实验操作的技能。

罗金洲：在整个申请期间，你遇到的最大的挑战是什么？

张悄然：是写Essay（申请文书）。申请宾大的时候，要求写自己自传的一页。我想了好久。最后我想想自己发明了人工心脏，坐飞机从美国到中国做演示。文章写得就是我在乘飞机这段时间的想法和经历。我在文章中加入了一些幽默的元素，比如说，我开头写的是“In the comfort of my economy class seat on the Boeing 747 flight to Beijing”，很多人都知道经济舱相比于头等舱是不舒适的。这样是为了营造一种幽默的效果。

罗金洲：申请时，很多学校都要求写一篇Why Essay，描述你为什么

想申请这所学校、这个专业，你当时是怎么写的呢？

张悄然：很多同学喜欢写得很花哨，用一些排比句、华丽的词。我的Why Essay写得很简单，就是写我想学什么专业，学校开设的这个专业有哪些地方吸引我，我想和什么老师一起学习。不过现在看来，这样写文书申请的效果也不错。

罗金洲：很多名校会安排面试，你印象最深刻的面试经历是什么？

张悄然：我印象最深刻的是耶鲁的面试，当时应该是在1月份，他家住在华盛顿特区，我是去他家附近参加面试。面试官特别随意，和他沟通就像和朋友聊天，他讲到开心的时刻会拍手、大笑。我和他的这种聊天和其他同学遇到的普通的面试问的问题不一样。他讲了他在大学的经历，我也讲了我在高中的经历。其实，我觉得，**大学录取面试看的是你的性格，是否开朗，人好不好相处，和你沟通是否顺畅。**面试完之后他需要写一份报告给大学。后来，我被宾大录取了，这位耶鲁的面试官还专门打电话祝贺我。

罗金洲：美国顶级名校竞争异常激烈，你能被录取，你觉得是主要有哪些因素或优势使你胜出？

张悄然：**录取我的大学都是我申请文书写得好的大学，这不是一个巧合。我写得很用心、文书写得很真挚的大学一般都录取了我。有些大学的申请文书，我写得没有什么内容，后面它们没有录取我，我也不觉得意外。**

我觉得我的推荐信也有帮助。我的数学老师比较喜欢我，对我的性格很了解，他了解我在上课时，和别人是怎么相处的。我的历史老师认识了我四年，他可以对比我刚到美国的时候，和经过四年的成长和进步以后的状态。这两位老师的推荐信都能反映我的个性特点。

另外，**我在高中选的课都比较难，我比较喜欢挑战自己，我有挑战自己的意愿，我的成绩也证明了我有挑战自己的能力。**

我的SAT考得还不错，可能这些名校对于SAT的分数都是比较重视的。

我参加的课外活动比较多，丰富。除了前面说的模拟法庭、打网球、合唱团这些活动以外，我还入选了高中的国家荣誉协会（National Honor Society）。此外，我还加入了西班牙语协会和数学协会。

> 美国国家荣誉协会（National Honor Society，NHS），是美国一个全国性的高中社团，意在表彰在学业成绩、领导才能、社区服务及道德品质均有突出表现的11~12年级学生。1921年，美国初中高中校长联合会（National Association of Secondary School Principals，NASSP）正式创立这个团体，第一个分会设立于宾夕法尼亚州匹兹堡市。至今，NHS在美国50个州、哥伦比亚、波多黎各、加拿大、土耳其、智利等地都有了分会。

罗金洲：现在越来越多的高中生选择了去美国、英国或我国的香港特区读高中，你认为美国的教育教学和中国有哪些不同？

张悄然：我觉得在中国读书最好的一点，就是有一个班集体，大家被分到一个一个的班里，同学们之间的关系特别好，是那种很铁的关系，能够紧密团结，四年下来有深厚的同学感情。但是在美国，你可能可以和一两个人关系很好，但是你很难像国内一个班的二三十人的关系都很紧密。

在美国读书最好的一点是很自由。你想过一种什么样的作息，你就选择什么时间段的课程，课外要读很多书，读些什么书，课外的时间做些什么，这些都是你自己安排的。在课堂上，你什么时候突然有一个想法或疑问，你可以随时打断老师的讲课来问老师，这很正常。老师讨厌学生鸦雀无声，他们想方设法激发学生的兴趣。有时候老师为了激发学生的学习兴趣，会和学生讲笑话、开玩笑，讲课很幽默。比如老师讲到法国大革命，讲到法国当时的各个阶级，会说：“假设你是地主阶级，我是农民阶级，你会怎么看待当时国内的阶级形势，你会采取什么样的立场？”

罗金洲：你在美国高中的时间一般是怎么安排的？

张悄然：我一般早上7:00起床，早上吃个面包什么的，我妈妈早上送我去上学。在学校上午上课，中午吃完饭后下午继续上课。下午2:10就下课了。如果那天的安排是打网球，我就去打两个小时网球，从两点半打到四点半。和朋友聊聊天，然后回家吃晚饭。吃完饭看看美剧或国内的电视剧。晚上9:00开始写作业，写到差不多10:00或11:00，然后看会儿电视就睡觉了。

罗金洲：你有什么自己认为比较好的学习方法吗？

张悄然：我特别喜欢做的事情，就是老师这一天讲的知识，我到晚上会自己整理老师教的这些内容，每节课整理成一张图，让里面的知识点互相联系，形成一个有体系的框架。

学语言方面我有一个做法，就是不管从哪里遇到的单词，只要是我以前不认识，我就会想法把它记住。我看到广告牌上、地铁上、电视里、电影里、杂志上、宣传单上任何我不认识的单词，我都会把它记下来，查它的意思和用法，变成我自己掌握的词汇。

罗金洲：在你看来，你的成功的标准是什么？

张悄然：有自己的一帮好朋友。能够考上一个比较好的大学。生活过得开开心心，想打球的时候有球打，想逛街的时候有街逛。我觉得这就是比较成功。

附　录：张悄然申请宾夕法尼亚大学的 Essay（经本人许可）

In the comfort of my economy class seat on the Boeing 747 flight to Beijing, I am looking once again through the PowerPoint presentation that I have prepared in the past week. The sky outside is brightening, and the baby next to me has finally stopped crying after what seemed forever. Surprisingly, he has failed to foul up my mood as he has done to the other travelers' around us. I am not at all upset and have not asked the flight attendant for a different seat. Nothing can ruin the moment. Of course, I would have been much more appreciative if my boss at the National Institutes of Health has instead offered me a first class seat because the one thing that I am carrying in my luggage definitely deserves the grandeur of Brad Pitt, if not more.

Thinking about the terrified faces of the security guards when they X-rayed my baggage and found what had the shape of a human organ, I couldn't help but chuckle a little for the fright I had given them. Of course they did not know. The success of the project has not yet been announced to the public because there is still one more step to go – the lab that we are in collaboration with at the Tsinghua University in China has yet to test the product and ascertain the feasibility of its replication before it can be launched into the market – the artificial liver.

Before I left, my boss, who has devoted countless years to finding a hypoallergenic, hyporesistant, and inexpensive material for the liver, looked much younger. He hugged me and told me to present step–by–step our attempts, failures, and finally, the triumphant success, to the Tsinghua scientists. Even after my assurance that I am familiar with the procedure after twenty years of immersion in the creation of an economical artificial liver, and that my Chinese has not regressed a bit, he still couldn’ t help but repeat to me one more time in an excited whisper: “This is big.” It indeed is. This is a project that can be put into production almost immediately, and the economical material that we have used promises that everyone can afford it – no more waiting desperately for a last–minute organ donor. The black market for human organs will finally crumble as well. We’ re almost there, as soon as Tsinghua replicates the artificial liver.

拾贝

- 模拟法庭对我语言表达的锻炼作用非常非常大。不光是语言能力，也锻炼了我的判断力、思维能力和快速反应能力。

- 大学录取面试看的是你的性格，是否开朗，人好不好相处，和你沟通是否顺畅。

- 录取我的大学都是我申请文书写得好的大学，这不是一个巧合。我很用心、文书写得很真挚的大学一般都录取了我。

- 我在高中选的课都比较难，我比较喜欢挑战自己，我有挑战自己的意愿，我的成绩也证明了我有挑战自己的能力。

- 老师这一天讲的知识，我到晚上会自己整理老师教的这些内容，每节课整理成一张图，让里面的知识点互相联系，形成一个有体系的框架。

- 学语言方面我有一个做法，就是不管从哪里遇到的单词，只要是我以前不认识，我就会想法把它记住。

第十五章

不做『别人家的孩子』，做自己

——巴纳德学院学生Wenny访谈录

父母的高期待、高要求会带给孩子在学习和生活方面很大的压力。面对一位性子比较急、对她要求比较高的母亲，Wenny是怎么想、怎么做的呢？她曾经常与母亲争吵，但是静下来能理解父母的用心。她感谢父母对她精神和资源的强有力的支持，也能冷静看到父母对孩子的要求过高——她学会了找到努力与效率的一个平衡点。父母带她到美国读高中，教育环境、教学风格的改变对Wenny的人生产生了重大影响，让Wenny从一个成绩中上、对学习没有浓厚兴趣的学生有了巨大进步，变成了一个享受学习、自主学习的成绩优异的学生。她从亲身经历为例，阐述了中国和美国教育的差异，比起那些长篇的理论，这更有说服力。

罗金洲：Wenny，先简要讲讲你当时的申请经过吧。

Wenny：我在中国读完初二后来到美国，在加州欧文的一所公立高中读了9年级。之后我转到了附近大概40分钟车程的一所私立高中，圣玛格丽特主教学校（St. Margaret's Episcopal School），在那里读了10～12年级。这是个教会学校，从幼儿园到12年级都有。**这里学习氛围非常好，让我有自主学习的想法。在这里我成绩进步很大也很快，这所学校深深改变了我。**学校开设很多AP课程，让我很好地去挑战自己。我当时学了很多AP课，我觉得这对申请大学很有帮助。在这所学校学习后，我更加喜欢小一点的学校。

我正式开始申请是在11年级暑假。当时我ACT、SAT2都已经考完了，在7月开始选学校，写Essay，整理自己的简历，整个下半年都在处理申请的事。

罗金洲：当时有哪些学校录取你了呢？

Wenny：我一共申请了15所，其中11所录取了我。ED（Early Decision）我申请了哥伦比亚大学，但是没有录取。巴纳德学院（Barnard College）录取了我。“七姐妹”女子文理学院我报了5所，因为我比较喜欢人权、女权这类方向，我也很喜欢写作，所以想要找一个英语专业很好的文理学院。这些“七姐妹”女子学院都比较符合。

> “七姐妹”女子学院：19世纪，美国建立了很多女子文理学院，其中有七所享誉盛名的百年常青藤学校在当时被人们并称为”七姐妹”女子学院：蒙特霍利约克（1837）、瓦萨（1861）、韦尔斯利（1870）、史密斯（1871）、布赖恩莫尔（1885）、巴纳德（1889）和拉德克利夫（1894）。如今，“七姐妹”实际只剩下“五姐妹”（拉德克利夫并入哈佛大学，巴纳德并入哥伦比亚大学）。

罗金洲：你觉得你当时的申请准备工作有哪些地方做得比较成功，哪些地方还需要改善？

Wenny：我觉得我在申请节奏方面把握得不错。我在11年级暑假前考完标准化考试，然后开始准备申请，这个时间点是合适的。申请这件事绝对不能拖延。我知道有很多人就是拖到了最后，结果处理得特别糟糕。拖到最后出来的文章是很要命的。另外，我觉得我申请论文写得不错。我的顾问老师给了我一些启发性的建议，我们一起讨论，从中我意识到了很多自己此前没有意识到的自身的特质——写申请论文是一个自我探索、自我了解、自我进步的过程。现在回想起来还是很有趣的，虽然当时觉得焦头烂额。有些论文题目很有趣，没有那些论文题目的话，我可能也写不出那些文章。我本身也喜欢写作，算是半个作家吧！

罗金洲：你以前发表过一些作品吗？

Wenny：我小学的时候发过童话，中学在报纸上发表过一些作文，我也在网上发表过一些文章。我想以后写一本记录自己来美国读高中和大学经历的书。

罗金洲：中国家长很渴望得到海外教育资讯，期待你早日出版你的书。那你觉得你的申请有哪些地方还有待完善，可以做得更好呢？

Wenny：我想应该是要对自己更自信一点，同时对身边的人更关注一些吧。当时因为整个人都投入在申请上面，面对很大的压力。虽然我算是比较会自我调整的人，但当时跟家里人相处得也非常不好。那时候我们全家都移民过来了。但是我跟我妈基本上每天都不能待在一块，在一块就开始吵架。所以我比起其他留学生，多了很多来自家庭的支持，同时也多了很多和家庭的摩擦。我妈妈当时每天接我从学校回来的那15分钟里基本上不说话，一说话两个人可能就吵起来。反正当时我对弟弟妹妹的态度也不好，他们过来我就很烦。

但是现在回想起来，我开始明白，**越是那种重要的时候，越应该珍惜身边给你支持的人，而不是把他们推开。如果现在再让我回去过的话，我会跟家人、同学、朋友相处得更好，这样可能会过得更开心一点。**我也认识一些和我一样的留学生，他们的家人不在美国，很多人压力非常大，甚至会有一些心理问题，包括抑郁症。我觉得**不管是做什么，身心健康是最重要。如果身心健康，即使你失败，也可以再来。但是身心不健康的话，失败就没有再来的机会了。**

罗金洲：除了ACT和SAT2之外你还做了哪些准备呢？

Wenny：我的重点主要放在文书写作上。因为我本来就很喜欢写作，所以我尽量把我几乎所有的精力都侧重在写作上边。在简历上，我把所有发表的文章链接都附上去。我的荣誉也是写作方面的。**我的简历虽然不是像很多人一样什么都做，但是我把一个领域的事情做得很多、很好、很长时间。我个人觉得这种聚焦在某个特长上的简历应该是比较有特色的。**

罗金洲：你是否学了AP课？

Wenny：我在高中一共上了10门AP课。这些AP课虽然是为了申请大学而去上的，但是**我从AP课上学到的东西的深度、广度都给我一种很独特的学习体验。因为这10门AP，我在进大学之前就拿到了18个学分，这相当于大学一个学期的学分。所以我稍微再努力一下，提前毕业不是很难。**

我弟弟和我在同一所高中。我妈妈把我送进大学之后，对我弟弟的要求更严了。上次我弟弟跟我说，他算了一下大概高中总共能学12门AP课。我说，“你学这么多干什么？”他说，“妈妈还嫌我学得少。”

我当时立刻给我妈打电话过去。美国这边有很多的亚洲精英，这些家长互相之间都有交流。我妈妈听说一个进了耶鲁的亚裔小孩学了14门AP课后，就觉得我弟弟学12门有些少。我说，“妈你不能这么算！”

家长们不能盲目地去听一些学霸学了多少门AP课。每一个人都是不同的。国内大多数家长看到的这些学霸，都是金字塔顶尖的那一点点。所以对自己的孩子的要求不要太夸张，这会让孩子们压力特别大。

罗金洲：你觉得你妈妈是新版本的虎妈吗？

Wenny：绝对不是。其实我妈妈对我的要求并不是那么严。我妈妈给了我很多支持，不管是在物质上还是精神上都给了我不少的支持。如果我要出去放松的话，她也会给我机会放松，绝对不会像虎妈那么严格。她一直都支持我去学我想要学的东西，她是第一个支持我写作的人，鼓励我一直写下去。

我妈妈觉得我在国内考不到特别好的大学，所以就带我来美国了。但是到这边来了之后发现，我比较适合美国这种教学方式。在中国的时候我对学习没有兴趣，但是到了美国之后我对学习，特别是文学，有特别浓厚的兴趣。我在这边的英语课上基本上每一分每一秒都想举手发言，也很喜欢讨论，到最后老师都不点我了。我觉得这种对学习的兴趣和自觉性真的是家长硬求不来的。要是我妈妈一个劲地去要求我，那肯定也是不行的。我来到美国后，成绩一直往上走，她就发现我还蛮有救的。我很感激父母带我来美国。

罗金洲：这种外部环境的改变对你学习热情和成绩的转变起到了很大的作用吗？

Wenny：我认为环境的改变对我来说是一个至关重要的变化。我到了美国之后，第一年不太适应，我有时候有些沮丧。慢慢地，我能听懂老师讲课的大部分内容了，老师讲课也比较有趣，我慢慢喜欢上了在这边上课。在中国的时候，我对于学习的热情，是参照我对老师的喜爱程度，我喜欢这门课的老师，我就努力学这门课，我不喜欢这门课的老师，那我这门课的成绩立刻就差下来。在国内我的成绩一直在班级中上游，比如说班里面36人，我在第12名、第13名这样子。

因为在中国的时候学语文课就是老师在读答案，学生们在下面生硬地把答案抄下来，之后再背。我也不喜欢背。我到现在还印象很深刻一件事，是小学上语文课的时候我读到了鲁迅的一句话，我觉得这句话里面还有另外一个暗喻，有双重意义，我就举起手来和老师说，但老师只是说，“哦，是这样啊，你坐下吧！”然后他直接就跳过去说下一个话题。看老师的反应，我就知道我说的可能“不对”。

但是在美国的英语文学课堂，如果我举起手来说我的观点的时候，即使是错的，老师也会鼓励，会引导班上的同学开展一番讨论。或许作者就这么想，或许作者没有这么想，但是它引发了我的一些想法，从这些想法里面，我们可以得到一个什么新的结论？这是与国内完全不同的教学方法。我本身就是一个非常喜欢阅读和写作的人，我觉得这才是学习文学真正应该有的态度和方法。

罗金洲：很好、很深刻。能分享一下你在巴纳德学习、生活了将近一年的感受吗？

Wenny：我上了一年大学后的感悟是，**我选择了哪所大学，就决定了以后我身边是什么样的一群人。换一所学校，就会跟完全不同的一群人在一起。**我到了纽约这样一个多元化的环境中之后，我才发现原来世界这么大。我认识了很多来自不同的环境的人，最终我们走到了同一个地方、生活在同一个校园里面，这是我整个大学里面最重要的经验。像我曾经认识两个朋友，我们晚上在灯下谈了一些比较深刻的话题，发现他们原来有很复杂、很黑暗的过去，但是他们看起来和我们一样。我觉得我当时要是申请到了一个不那么多元化的大学，我就没有这样的经验。**选大学最重要的并不一定是排名多高，而是你想要什么样的交友圈，你想要生活在什么样的人群之中，这点很重要。**

我来到这边之后就觉得没有其他学校比巴纳德更适合我了。我们高中的升学顾问经常说：**没有所谓的最好的学校，只有最适合你的学校。我很喜欢纳德和哥伦比亚的这种独特关系：共享资源、共享学位，但同时又有各自独立的教育风格和教育体系。**

我在巴纳德和哥大学到了很多以前做梦都觉得学不到的东西。比如说上学期我上了“创意写作”（Creative Writing）课。班上的学生都爱写作，大家在一起做创作室（Workshop），互相读各自写的东西。可以看别人写的文章，然后给评论，或者别人看我写的文章，然后给评论。那门课让我写了很多英文文章，和同学们有很多交流。今年我选了一门课《疯狂的爱》（Mad Love），研究各个文学作品里面的爱情，比如莎士比亚的《罗密欧与朱丽叶》（Romeo and Juliet）、柏拉图的《会饮篇》（Symposium）、《洛丽塔》（Lolita）等等，非常有意思。我也在上《中国的性别与权力》（Gender and

Power in China），这门课让我学到了很多以前对中国不知道的事情，学会从外国的眼光来看中国，非常有意思。学了这门课我才知道“女性”“妇女”这些词都是非常新的词汇，这些东西我以前都不知道。学了之后我现在看中国有很不同的见解。我很感激巴纳德和哥大给我这样的机会。

如果仅从新中国成立来算的话，国内很多关于人权、法律、政治的观点都非常新。不同的观点在互相碰撞。我觉得这是一个比较有意思的阶段吧！微博是一个很好的平台，在上面可以看到大部分人对一些事情是怎么想的。中国是我的祖国嘛，我很希望中国能够很好地发展，不要走一些弯路。作为留学生我不能马上回去，但我想以后多写一些文章，来影响大家的思想。

罗金洲：你觉得你在巴纳德这一年里所遇到的最大挑战是什么？

Wenny：**最大的挑战是安排自己的时间！**因为突然间自己一个人生活，没有家长的约束，特别又是在纽约这么大一个城市，你的时间只有这么多，你要把这些时间用来做什么？高中的时候，最大的目标就是考上大学，但是现在这个目标实现之后新的目标又是什么呢？这就是一个探索的过程。**你要把用来学习、和人社交、建立自己人际网、参加活动、探索这个城市给你的资源的时间平衡好**，不然的话压力非常大。比如我和我室友，当我们压力很大的时候我们房间都不收拾的，寝室都是乱乱的，这些都很正常。

罗金洲：你在巴纳德一般是怎么安排自己日程的呢？

Wenny：每天早上我的第一节课是10点，是法语课，所以我起的还算比较早吧。上完法语课，到了11点多，会吃个Brunch（早午餐）。吃完饭之后，然后看看紧接着有没有课，没有的话我一般会回到寝室里面，做一些我可能下一节课前需要做的阅读或者课后需要做的阅读。中午这段时间我只有1～2个小时的时间，所以基本做不了大事情，就是补一补作业，读一读书，然后接着去上下午的课。我选的课比较平均，基本上每天2～3节课，没有那种某一天特别空的状态。周一到周五的时候我一般都是在校园里面待着，可能会去图书馆写写作业，或者在房间里面做一些瑜伽，背下书，写一些东西什么的，和朋友聊聊天，或者有时候和朋友约吃饭。晚上有时去参加社团活动，像我今天是刚刚从社团活动回来，但大部分时间都选择待在房间里面做作业。

像普通的周末的话，我一般是会看这个周末有没有什么活动，因为我的星期五只有上午一节课，所以我的周末相当于3天。这3天里面至少有一天我会抽出来，这一天大部分时间在纽约下城区度过，有时候去展会、博物馆，或者约朋友去下城区吃中国饭、逛逛街。这样我至少有一天在城市里面度过。因为我很喜欢做饭，所以我有可能一个早上甚至有时候一整天在烤西点。我最近每周都会跟朋友一块做西点，然后大家一块吃。剩下那一天基本上就是在学校图书馆里面度过，写论文、做阅读。我的时间分配还是蛮平均的，就是玩和学。

罗金洲：很多在美国留学的学生经常写作业写到半夜一点或两点钟，你是这样吗？

Wenny：我每天半夜两点以后才睡，哈哈！我是夜猫子。我觉得熬夜毕竟对身体不好。像我和我室友上个学期的时候，两个人才过来第一天半夜12点钟就上床睡觉了。然后过两天就变成一点钟睡觉，再过一两周就变成两点钟睡觉，然后到了学期末的时候我室友在我每天凌晨2点半睡觉的时候还看不到她人，我晚上迷糊的时候，听见有动静，醒来的时候知道是我室友回来了，拿手机一看是凌晨4点半。

罗金洲：有个说法是在美国大学的学习其实是从下课开始的，你怎么评价这个说法呢？

Wenny：我觉得学习在上课之前就开始了。

罗金洲：为什么这么说？

Wenny：在课堂上，老师起到的作用就是给你一点启发和讨论。特别是我学的课大部分都是文科，所以真正的阅读、初步理解是需要你在课前做的。你最好在课前做好的阅读，这节课才可能会有一些收获。像我之前有一次阅读没做，然后去上课，就是坐在那里什么都说不出来。

如果说是Lecture（讲授课）的话，老师会为你解惑或者给你启发。如果是Seminar（研讨课）这类课程，讨论是更重要的一方面。你把之前的阅读和你现在做的阅读需要做一些联系或总结，这些事情都是要你课前或课后做的。老师不会说让你去阅读哪一页，再说说你得到什么启发，这些事情都是学生要自己做的。所以我觉得实际上在美国这边的学习几乎都是自己的事情，老师能够教你、给你的启发也就那么多，如果你不主动去消化它，它永远都不会到你的脑海里去。

罗金洲：你觉得从小到大父母对你的教育中，他们哪些地方做得比较好？

Wenny：第一，我刚来美国的时候英语特别不好，基本上只会说一些很简单的词语。当时我已经是9年级了，我父母把我送到一个读书班，里面都是7年级的小孩，我就特别尴尬，而且我的确没他们读得好。但是在那个阅读班上我读了很多反乌托邦的小说，也读了很多我现在还很喜欢的小说。

有一次在巴纳德的课堂上，教授问谁读过《美好新世界》全文，班上十几个人就我一个读过全文，我就是在那个读书班上读的。那一瞬间的感觉很复杂：当初我那么讨厌那个班，但是它让我学到的东西至今还有用。**很多时候，如果父母能够给你一个机会去学一些东西，一定要好好把握住**。因为我本身家庭条件比较好，我从来没有过我想学什么东西但是家长不让我学的。但是我有一些朋友可能家里条件不是那么好，他们想要学的东西父母不让他们去学。现在我很感激我父母给我这么好的机会强制我去学东西。

第二，**我爸妈刚来美国时，很努力地去结交很多新的朋友，向那些朋友问留学的事情**，因为我们当时来的时候真的是什么都不知道，连SAT是什么都不知道，就这么来了。**如果没有他们帮我问这些信息，我当时就真的什么都不知道**。所以在那之后，只要有人问我留学的问题，我都会特别热心地去讲所有我知道的东西，因为我不想让任何人再去走弯路。信息是很重要的，我很感谢我爸妈给我提供的这些信息。

第三，**我妈妈一直没有限制我做什么，她虽然有的时候气急了会否认我，会跟我发火，但是她会主动给我建议，默默地支持我**。她也会给我做很多好吃的。虽然她和我有时沟通不太愉快，但至少让我感觉到了她对我的精神支持。如果没有父母精神支持的话，孩子很难会有好的表现。每一个孩子都有想要让家长骄傲的心，不管是多叛逆的孩子，我觉得都会有。只有家长无视这种努力，才会让孩子越来越失望。

罗金洲：*说得很好。那你觉得你父母在哪些地方可以做得更好呢？*

Wenny：我妈妈性子很急，我性子很慢，所以我有时候会被她逼得也很急，会弄得我特别紧张。因为她的急性子，可能让我自己本身失去一些机会。但也正是因为她在督促，那我就去做了。如果她更耐心一点，我可能和她相处得会更好一点。我对她说，虽然你一直说我不够努力，或许我跟其他孩子比起来的确不够努力，但我自己会去找到效率最高的那个平衡点，我不会把自己逼疯。那个平衡点对每个人来说都不一样，有人可以连轴转10个小时，有的人可能集中注意力也就一两小时，之后就需要休息。不是说谁谁学到半夜一点，父母就要求自己的孩子也学到半夜一点。这种对比很难不产生，但是我觉得家长有时候需要去控制自己不要做这样的对比。

罗金洲：在中国，因为家长喜欢把自己的孩子和“别人家的孩子”比较，所以学生们在网上最喜欢吐槽的就是“别人家的孩子”。

Wenny：我觉得“别人家的孩子”是很伤人的一种对比，特别是家长说这种话的时候容易夸张。传到孩子耳中之后，孩子觉得父母在说：“你没有做到我想让你做的事情，你做得不好，或者你不努力。”父母如果说，“我知道你努力了，但可能努力得不够”，这比说“我觉得你没努力”好得多。这种特别绝对的批评对很多孩子来说，只会让他们越来越叛逆。

罗金洲：你现在在巴纳德读的是什么专业呢？

Wenny：我虽然算是未决定（Undecided），但是我准备读比较文学或者英语专业。

罗金洲：申请时有些学校的可能会问你为什么要选这个专业，对这种问题的Essay你是怎么写的呢？

Wenny：我确实很喜欢比较文学和英语，所以我都是很诚实地去解释，我从中国到了美国之后，大开眼界，不仅仅是让我见识到一个新的国家、新的文化、新的社会、新的看法，同时我对中国的看法也产生了很大的变化。因为现在我可以看到两边不同的观点，在同一件事情上，我可以从微博上看到国内的人的观点，也可以看到美国的人的观点。我相当于中间的一个守望人，我可以看到两边不同观点产生的原因，然后借此可以分析出更多的结论。**我也很想把中国目前还没有英语翻译的文章翻译到英语世界，同时把英语文章翻译成中文分享给国内的读者。**

罗金洲：如果给后来的申请者一些建议的话，你想提哪些建议？

Wenny：**要保持身心健康。**我有一个同年申请的朋友，有一段时间她特别抑郁，状态非常不好，就是因为申请时把自己逼得太急了。如果你申请不上理想的学校的话，那不会是世界末日；但是如果你不把心态调整好，你一定申请不上你想要申请的学校。现在的孩子们压力越来越大，出现心理问题的孩子越来越多。所以我觉得在这种时候，孩子的家长都要努力去保证孩子有一个良好的心态，不要让他压力太大。

罗金洲：有道理，你印象最深的大学面试是哪一场呢？

Wenny：实际上就是巴纳德的面试。我当时和面试官聊得特别开心，到了最后他说，“你很适合巴纳德学院”，我说，“我也认为我很适合巴纳德学院”。我本身就是一个特别喜欢和人聊天的人，我想你也看出来了。特别是聊到自己的一些梦想、生活学习经历，我很愿意和别人分享这些。面试巴纳德学院已经是我的第三个面试了，所以我没有那么紧张。我记得当时和他谈得稍有些超时，因为一谈到这些细节我就非常激动，就会说很多，分享很多自己的事情。我挺喜欢跟面试官聊天，真的。很多人面试的时候是很紧张的，我觉得这个没什么好紧张的。面试官只是校友，他们只是想跟你聊天，了解一些从白纸黑字上了解不到的关于你的事情。你就把自己最自然、最自信的一面展现出来，他们就会很诚实地写他们对你的感受。比如我申请的这些女校，面试官想要看到的是很自然、很自信、很独立的女性，我本身就是这样的女性。

罗金洲：你的Commonapp主文书是怎么写的呢？

Wenny：写的是我如何来到美国，到了美国后发生的事情，我对此的感受和看法。这篇文章体现了我来美国的经历对我人生造成的改变。其实很多留学生会写这个话题。但是我觉得我写得还是蛮特别的。我刚来美国的时候有一种错觉，以为一切都会一帆风顺，我以为自己就像一个故事的主角一样，一定会获得成功。后来发现现实根本不是这样子。我在里边掺杂了一些小片段，比如我的弟弟把他的乐高玩具不小心摔坏了，我就和他说："你不用伤心啊，你可以把这些碎片再重新拼起来，可能再拼起来的这个比原来的还要好。"我来美国的经历其实就相当于在美国摔碎，然后重新再拼起来的这样一个过程。最后我说，生活给了我很多困难，但是这些困难是在帮助我。文章的开头和结尾就是我和生活在对话。我觉得写得还不错吧，我自己也很喜欢这篇文章。

罗金洲：刚到美国的留学生在选课方面可能会有一些困惑，你觉得选课有哪些需要注意的地方？

Wenny：我觉得选课其实是一个挺难的事情，我到现在还没有摸清门道。毕竟你一周只有这么长时间，不能选太多。你可以选12学分、18学分或22学分的课。你选择什么样的课就决定了你想要过什么样的大学生活。你是想从早上7点钟从床上爬起来还是想睡到下午1点钟，这都由你的选课决定。你想要给自己留出时间吃午饭吗？你要选多少门主修？多少门辅修？你想要双学位的话，你要保证你要怎样才能修完这些课？其实我到现在还有些头大哈哈。

我的方法是做个表格，规划一下，我要在这四年里面把哪些课上完？哪一年我要上哪些课？空出来的时间我可以把哪些课塞进去？哪些课是我必须选的？你自己决定要给自己多少压力？像巴纳德要求学生选9个不同领域的课，比如科学、历史、写作等等。你要什么时候上完这9个领域的课，都是你要自己去规划的。我觉得大学选课的技术含量还是蛮高的，比高中要复杂好多。不过，毕竟每个学校都有辅导员（Academic Advisor）可以帮你，你也可以问学长学姐们，也可以和同学进行交流，收集这些信息对选好课很重要。

有一些学生刚开始选了太多的课，超过了自己可以承载的范围，那么最明智的方法就是赶紧在开学前几星期就把这些多余的课Drop（退）掉，要不然自己这样苦苦支撑下来，结果反而可能不尽人意，还不如少上几门课，把每一门课都上得好一点。当然有一些学生一时贪图轻松选了很少的课，最后导致自己不能及时毕业，这就很遗憾。

哥大这边有个学生建的网站，在上面搜一位教授，就能搜出他往年教过什么课，过去学生对他的评价，他会布置多少作业，每周多少阅读，他的考试有哪些方式。通过这些信息你可以判断你到底要不要上这个教授的课。另外，巴纳德学院有自己的Facebook Group（脸书群），中国学生也有自己的微信群，大家会在里面讨论这些信息，这些都是渠道。你要是不明不白去上了一门课的话，可能会非常痛苦。

罗金洲：你有什么比较好的学习方法吗？

Wenny：我会每天给自己做一个时间表，以小时来算。比如说我回到宿舍的时候是下午6点钟，那我就给自己画一张表，分配6～12点每小时要做什么，然后制订计划，用两个小时来完成第一个任务，用一个小时完成第二个任务，等等。虽然我每次可能不会100%按照这个时间表来执行，但是会尽量按这样执行。如果不做这个时间表的话，我可能两个小时就这么坐着过去了，很容易的。

中国学生在国内拥有的自由时间太少了，一旦一下子来到国外，自由的时间突然增多了，可能就不知道拿这些自由时间做什么好，所以我觉得这种方法能够帮助我组织安排我的时间吧！

罗金洲：这个方法挺好的。你打算怎么度过你未来的三年？

Wenny：未来的三年，我不一定像高中那样那么努力拿全A，只要能让自己将来回头看的时候不觉得自己虚度了这段大学使时光就好，我会尽量去学习自己感兴趣的东西。

本科阶段是我最后能够去探索、去试验自己是否想学某个方向、去学习一些以后可能再也不会去学习的东西的机会，以后很难有时间好好地坐在教室里面为了学习而学习。同时，要多交一些朋友，建立自己的人际网，以后可以互相帮忙。我的梦想，是以后当教授，同时写一些文章来影响人，所以我现在要像海绵一样尽量汲取知识。

拾贝

- 我在申请节奏方面把握得不错。我在11年级暑假前考完标准化考试，然后开始准备申请，这个时间点是合适的。

- 申请这件事绝对不能拖延。我知道有很多人就是拖到了最后，结果处理得特别糟糕。拖到最后出来的文章是很要命的。

- 写申请论文是一个自我探索、自我了解、自我进步的过程。

- 越是申请那种重要的时候，越应该珍惜身边给你支持的人，而不是把他们推开。如果现在再让我回去过的话，我会跟家人、同学、朋友相处得更好，这样可能会过得更开心一点。

- 我的简历虽然不是像很多人一样什么都做，但是我把一个领域的事情做得很多、很好、很长时间。我个人觉得这种聚焦在某个特长上的简历应该是比较有特色的。

- 家长们不能盲目地去听一些学霸学了多少门AP课。每一个人都是不同的。国内大多数家长看到的这些学霸，都是金字塔顶尖的那一点点。所以对自己的孩子的要求不要太夸张，这会让孩子们压力特别大。

- 没有所谓的最好的学校，只有最适合你的学校。

- 很多时候，如果父母能够给你一个机会去学一些东西，一定要好好把握住。

- 我觉得“别人家的孩子”是很伤人的一种对比，特别是家长说这种话的时候容易夸张。这种特别绝对的批评对很多孩子来说，只会让他们越来越叛逆。

- 我会每天给自己做一个时间表，以小时来算。比如说我回到宿舍的时候是下午6点钟，那我就给自己画一张表，分配6～12点每小时要做什么，然后订计划。

- 本科阶段是我最后能够去探索、去试验自己是否想学某个方向、去学习一些以后可能再也不会去学习的东西的机会，以后很难有时间好好地坐在教室里面为了学习而学习。

第十六章

在美国追逐编剧梦

——哥伦比亚大学学生田弘毅访谈录

高中的田弘毅数学成绩不太好，他当时对自己的估计是可能难以考上三本大学。他妈妈了解到通过考托福、SAT从而去美国上大学的信息，鼓励他开始准备申请国外的大学。田弘毅因此走上出国的道路，先是在丹尼森文理学院就读本科，之后在哥伦比亚就读戏剧编剧研究生。他是怎样在信息闭塞、资料匮乏的情况下准备自己的托福、SAT考试、申请材料的？在大学他是怎样安排自己的时间、追逐自己的编剧梦想的？他是怎样乐在其中地坚持阅读和写作的习惯，并得到丰硕的收获？田弘毅将在访谈中率真地分享他的经历。

罗金洲：弘毅，你当初怎么产生出国想法的呢？

田弘毅：我高中的数学成绩不太好，所以我要是在国内参加高考的话，估计连考上三本大学都费劲，这就是我面对的现实。所以我和家人分析了这个现实之后，就考虑是不是可以选择其他的路。当时我妈在报纸上看到关于参加美国托福、SAT考试、然后去美国读大学的介绍，觉得这可能是比较合适我的一个选择。

罗金洲：你妈妈当时掌握的这个信息改变了你未来的人生轨迹。

田弘毅：对对。

罗金洲：你在哪所学校上的高中呢？

田弘毅：是在陕西省西安市高新一中上的。

罗金洲：在高中阶段，你准备本科申请材料的时候遇到了哪些挑战？

田弘毅：因为我之前没有仔细研究过这些申请过程，所以都是自己一点一点摸索的：上网去看一些相关的文章，看那些之前申请过的人写的一些文书和写文书的注意事项。甚至一些小事情，比如说学校的网页应该看哪些，录取要求在哪儿找？这些都是要自己去慢慢摸索。还有，要有足够的时间和精力来准备考试，尤其是SAT。当时我们这边信息都比较闭塞。虽然当时大家都听过托福是什么，但很少人知道SAT。

罗金洲：你当时在备考SAT的时候有什么经验和心得吗？

田弘毅：最大的心得就是单词一定要过关。当时用了很长时间在家里背单词。如果你没有出过国，只在中国接受过这套教育的话，那单词量相当于一个硬性标准，必须首先达到。

罗金洲：你当初选大学的时候的标准是什么？

田弘毅：我家人对大学排名都比较看重，然后比较看重学校的专业和课程设置，第三要看奖学金和留学费用。如果这个学校费用很高，也不给国际生奖学金，或者奖学金很少的话，我家里可能负担不起。这个是非常重要的考虑因素。当时最后选择丹尼森的原因，也是因为它在录取我的这几个学校里边给的奖学金最多。

罗金洲：你现在在哥大读研究生也有奖学金吗？

田弘毅：也有的，每年有2万美元的奖学金。

罗金洲：真不错。申请本科期间，你遇到的最大挑战是什么？

田弘毅：申请时有很多文书要写，而且要写得不落俗套。我觉得很多中国学生一写这类文书，就是说自己在高中学习成绩特别好啊，列出自己获得的好多奖啊，然后再贴出一大堆社区活动啊。这些做法可以理解，但是我们要想到一个录取官可能一天要读100份申请材料，这100份里可能有30份来自中国，这30份里边有20份是类似的内容。我觉得这种做法对你的申请没有加分，只是会让别人觉得：哦，又是这样的一个，没有任何的区别。那既然你和别人没有任何区别的话，我为什么要录取你呢？所以要把文书写得不落俗套就是一个挑战。

罗金洲：你如何努力做到不落俗套的呢？

田弘毅：我记得我信奉的一点就是不要刻意提那些你自己觉得会加分的内容。比如说我得过一些竞赛奖、科学奖之类，这些我不会在Essay里面提。在有限的范围内，你不可能写超过50页的内容。大学一般要求你写一到两页即可。所以你要在这个有限的篇幅里真正让别人看到你自己和其他人不一样的地方。我写的文书都是我和其他人不一样的经历和细节。

罗金洲：你高中时上了AP课程吗？

田弘毅：我听说过AP课程，但是完全没有考，也没有学过。

罗金洲：现在回过头来看，你觉得你哪些课外活动是比较符合美国大学录取标准的？

田弘毅：我在初中和高中参加过两三个英语演讲比赛，这是比较加分的；我还翻译了一个小册子，是关于中国青花瓷文化的。不过总的来说，我自己本身没有做太多的课外活动。

罗金洲：如果让你带着现在的经验再回到高中，为了申请好一点的美国大学，你会坚持哪些做法，改变哪些做法？

田弘毅：有两项我会坚持而且会坚持做得更好，就是坚持阅读，多做练习。这里多做练习不是说你要做多少托福SAT题目，因为我当时没有上过培训课，也没有往年的真题，主要还是看英文小说，看欧美电影（对了，不要打游戏），这些都对考试和申请有很大帮助。

需要改变或者我以前做得不太好的地方，就是在备考过程中，特别是在备考SAT的过程中，没有太多做针对性的复习。因为那时候关于SAT的信息有限，好多人根本没有听说过。现在让我回过去再来一遍的话，我肯定会搜集往年的题目，多做一些针对性的练习。

罗金洲：还有其他需要改善的地方吗？

田弘毅：尽量早些开始着手。因为这些考试和申请不是两三个月就能突袭的。我不是那种突袭的人，我需要更多的时间去静下心来好好准备考试和申请。

罗金洲：回过头来总结你当时申请的整个过程，这个录取结果让你满意吗？

田弘毅：当时我挺满意的，因为学校挺不错，奖学金的数额也不错。

罗金洲：你取得申请成功最重要的三条经验是什么？

田弘毅：首先是我自己下了很多下苦功。我在将近一年的准备时间里，其实下了很多功夫的，我高中学校的课业也很重，课后还要准备托福SAT，确实是很辛苦。这一点我可以问心无愧地说，我真的尽力了。

第二个是要对托福和SAT这些考试的过程、内容、评分标准，还有你想要申请的学校有比较详细的了解。首先要确定自己想要申请哪个方面的专业，然后你要对自己的水平有相对客观的认识。人人都想上哈佛、耶鲁，但是你不能拍脑袋一想然后就说你要上哈佛或者耶鲁，你得先对自己有一个相对客观的评估，然后你再决定你要申请的是怎样一个学校。我有一个比较重要的建议，比如说你申请10所学校，你最好把它们按照排名、申请难度分成几个不同的层次。

第三点应该就是家里面的支持，这个对我来说是很重要的。

罗金洲：就你个人视角观察，你认为美国本科教育和中国本科教育有哪些不同？

田弘毅：首先在对学生的尊重上面，两边有较大的差别。我没有上过国内的本科，所以我也不能发表看法，但至少在小学、初中和高中，很多学校领导和老师在尊重学生方面不如美国老师。

第二，美国的学校和中国的学校在课程设置上的多元化有很大的差异，包括课程的种类、内容的广度，还有各种教学的类型上，都是中国大学比较欠缺的。

第三，从这一点延伸，两国的学生在选课和选择自己教育发展方向的自由度上，都是有很大的差距的。比如说，绝大多数的美国大学，你可以在大学四年中大二结束的时候来正式确定你的专业，之前这两年你可以来尝试很多不同的课程和方向。这对一个学生来说是很重要的，因为虽然你可能当时申请大学的时候选了一个专业，但是很多情况下你可能对这个专业有一定的认识之后，你就觉得它不一定适合你，或者不是你的兴趣所在，如果这个时候不能进行调整或者进行更多尝试的话，这对一个大学生来说其实是很不公平的。

罗金洲：你觉得美国本科或者研究生的课堂上有哪些教学方式不错？

田弘毅：我本科上的是文理学院，它每堂课的学生人数都比较少。每堂课学生人数少的话，学生在每一堂课上面享有的老师关注、指导和教学资源就会更多。老师的压力相对少一些，他能够分配给每一个学生的时间和注意力也就相对要多一些。这对学生的学习和成长都是有利的。我们的课堂的气氛也要比国内的要自由得多，比如很简单地说，课堂上学生不需要举手或者站起来回答问题。

不管是什么课，哪怕是有硬性知识要求的数学课、科学课，老师在教授这门课的时候，是一种平等、开放的态度。老师是平等地和学生讨论。不是说老师说的就一定是对的，学生说的就一定是错的。很多情况下老师都非常愿意和学生讨论，因为老师想知道学生在想什么，思路是什么，思维方式是什么。在这样的前提下，交流、辩论或者争吵就是有产出的（Productive），大家都能够得到提升。而不是像国内高中那样，老师在上面讲，把所有的重点都写在黑板上，然后就结束了。

罗金洲：在美国的课堂上老师有时候会和学生发生争辩吗？

田弘毅：我经常会发现老师和学生进行一些讨论或者很激烈的争论，这都是非常常见的事情。

罗金洲：因为老师他在知识方面有优势，那是不是很多时候都是老师最终占了上风呢？

田弘毅：因为老师确实更有知识，所以争论的时候很多都是老师更有优势。但是我觉得这不代表老师就有权力在这些讨论发生之前就对学生讲："我是老师，你是学生，所以这些讨论没有必要，你也没有权利跟我提这些讨论。"老师占有这种知识上面的优势，不代表他可以用这种优势来摧毁和剥夺学生的那种通过和老师讨论、争辩而得到提高的机会。

罗金洲：说得很好。

田弘毅：我觉得老师的基本职责就是教育学生。你作为一个教育者的话，对待学生不能像对待一个商业竞争对手。如果一个公司要打压商业竞争对手，那无可厚非。在商场上，弱势的对手要对强者发起挑战，那就要做好失败的准备，因为商业竞争环境是非常残酷的。但是学校不是商业环境：你作为老师怎么可以仗着知识压制学生，怎么可以打压他和你争辩的权利和机会？你的职责就是要教育学生，帮助他成长和进步，讨论和争辩本身就是教育的方式。

罗金洲：中美教育的差异大得超过我们想象，想通过一本书来完全讲清中美教育的差异是很难的。

田弘毅：造成这些差异的原因是很多的，不光是文化、地域上的，还有很多经济、政治、社会环境的因素。

罗金洲：你在大学的时间一般是怎么安排的呢？

田弘毅：我一般是上午或者下午有课，没有课的时候我一般会去打打篮球，或者在学校图书馆看书、做作业。晚上则是看情况，因为晚上没有课，我有时候会去戏剧社帮忙，我也是在帮忙的时候才对这个感兴趣，所以才有了现在的专业选择。我还会参加其他的一些俱乐部的活动，有时会去听学校的讲座或者看电影。

罗金洲：你在上一堂课之前和之后一般会做哪些事呢？

田弘毅：上课之前，我主要看老师推荐或要求的文章或材料，预习一下这堂课要学的内容。下课后，一般是要做这堂课的作业，然后看老师布置的下一堂课的阅读内容。

罗金洲：你现在大学四年已经过完了，你觉得你在大学四年中哪些是做得比较对的？哪些你觉得你做得还不够好、还有待改善的？

田弘毅：我觉得做得比较对的是保持人际关系的简单。中国学生出去之后有很多都习惯于抱团，可能因为英语条件不太好，有很多同学直接不出去社交，社交范围只限于中国学生。我觉得这对任何方面的发展都是不太好的。但是从反面来讲，我是比较喜欢一个人的，我不会跟中国留学生抱团，我自己可以过得很好、很充实，我觉得这是我大学四年坚持做得比较好的，而且给我带来很大的帮助。

罗金洲：你这样会不会损失了一些朋友、友谊，还有通过人际交往而获得思想碰撞的乐趣呢？

田弘毅：对，当然，这些都是很对的，会损失很多。但是这就要看你个人的衡量和取舍了。因为这是可以达到一个平衡的，我比较倾向于一个人过，当然如果开放假设的话，我当然有各种各样的可能，比如说如果我去社交，会给我带来很多很多的好处。但是在现实生活中，我觉得我只能根据自己个人的兴趣、爱好和发展方向来进行取舍。不是说我现在如果不出去和他们吃饭喝酒就显得特别的不对。

罗金洲：大学四年中还有哪些是做得比较对的？

田弘毅：坚持阅读吧！这是我觉得从高中开始就应该培养的。而且这些阅读不是说你只要读你这个专业的论文、文章呀，这些是功课或者作业本来就要求的。我说的阅读是要从你个人的兴趣爱好出发，你可以读任何你喜欢的书，没有任何的限制。但是你得要保持这种兴趣，至少要去开发你的这种兴趣。我觉得我在本科四年里做得最好的就是这一件事情。

罗金洲：你在大学的四年每年大概会读多少本书呢？

田弘毅：稍等我找找，这是我大三上学期做过的一些统计。大三上学期是从8月份到12月份，我读了48本书。

罗金洲：也就是说你一年读书的数量大概在100本。

田弘毅：差不多吧！

罗金洲：坚持阅读给你带来了哪些好处呢？

田弘毅：这种好处是很难描述的，读书如果真正的是从你的兴趣出发的话，那这种好处是很难实实在在看见的。我现在无法给你列举，我找到了一份好工作是因为我读了一本小说，或者说我这个人的品格通过读这本书提高了百分之几，这是完全不可能的。但是从长期来看，阅读作为一个习惯，作为一个兴趣爱好，它对我整个人都有提高。在读书的时候如果你要抱着“要利用这本书带给我怎么样的价值”的目的的话，这从一开始就本末倒置了。对我来说，我觉得读书一开始就不要受这些想法困扰，这些是完全没有用的，我在它上面花费或者说浪费时间，只是因为我喜欢。我对这本小说、历史书、哲学书感兴趣，这些都是从兴趣出发的，而不是考虑这本书会不会给我带来什么“价值”。

我读书纯粹是因为乐趣，因为好玩。我之前不知道这些人，不知道他们生活在一个怎么样的环境里面，但是通过阅读，我认识了不一样的人，认识了他们生活的环境。我知道这件事情不是说对我有多少价值，我可能一辈子都不会再看这本书，不会碰这些知识，但是阅读完的时候，它带给我的乐趣是会让我觉得这本书花了我5天的时间来看是非常值得的。这就是一种单纯的乐趣。要是一个没有恒心的人来做这件事，那他可能就坚持不下去，他也享受不到这样的乐趣。

罗金洲：我刚才其实是从一个功利主义的框架和你讨论，其实隐含的台词是，“书中自有颜如玉，书中自有黄金屋”，但你的观点就是阅读不需要好处，它满足我对知识的好奇心，在当下让我的思想、让我的生命变得丰富，我很享受这个状态就够了。

田弘毅：对，第一这个“书中自有颜如玉，书中自有黄金屋”不是我所关注的，第二我也不认为是读书能够做到的。读书最终的目的：一是要认识自己；二是要认清自己的同时，也认清人类社会。读书是为了认识自己，去认清自己这是最难也是最重的一件事情。读书也是为了认识整个世界，因为你自己的生命是有限的，你能去的地方也就那么多，在你受到各方面的限制，包括你的体力、财力，你不可能把世界的每个角落都走遍，把所有的这些文化、历史都去探寻一遍，读书就是认识其他人和认识世界的一个捷径。

罗金洲：你现在在哥伦比亚的硕士专业是什么？

田弘毅：是戏剧编剧，主要是因为自己喜欢这个。

罗金洲：戏剧里会不会经常讨论这样一些形而上的内容？

田弘毅：有时会讨论。

罗金洲：你觉得戏剧编剧带给你的乐趣是什么？

田弘毅：带给我写作的乐趣吧，因为我比较喜欢写作。

罗金洲：那你现在应该也已经写过一些剧本。有被排练、演出或者是被改编的吗？

田弘毅：每一个都在学校有演过。要么是在丹尼森演过，要么是在哥伦比亚的戏剧舞台上演过。我5月份的毕业演出也马上要演。

罗金洲：恭喜你！你第一次看到自己塑造的人物形象在舞台上被真实地演绎出来之后，你的感受是什么？

田弘毅：是一种难以形容的巨大满足吧！看到自己写的台词被台上的演员说出来之后，就感觉自己纸上写的东西一下子活过来了，就是这种感觉！

罗金洲：你目前在戏剧编剧方面得到的最大成就是什么？

田弘毅：因为我现在还没毕业嘛，所以你要说成就的话我可以说是没有任何成就。但是就我个人来说，我比较满意的，是我去年写了一部全长的剧本，然后在学校的戏台演出来了。全长，就是指一般超过90或者100分钟的剧本。

罗金洲：真不错！我认为你父母在经济条件并不是很宽裕的情况下能

够咬着牙给你这样一个机会。父母在培养你方面做了很多，那么他们还做了哪些方面让你觉得对你特别有益呢?

田弘毅：我父母很开明。他们不会对我自己的选择，包括现在我做的戏剧编剧的选择，有很多的妨碍，哪怕他们觉得这可能不是很好挣钱或者就业形势不好，其实他们肯定会有这样的顾虑，但是他们能够克制自己，不像很多父母说你应该听我们的，然后去干涉他们孩子的选择。我父母一直从物质、精神上支持我，真正尊重我的选择，这是父母对我的培养最重要的地方。

拾贝

- 申请文书要写得不落俗套。不要去刻意去提那些你自己觉得会加分的内容，比如说我得过一些竞赛奖，要写一些与众不同的经历。

- 备考SAT，建议搜集往年的题目，多做一些针对性的练习。尽量早些开始着手。因为这些考试和申请不是两三个月就能突袭的。

- 美国的学校和中国的学校在课程设置上的多元化有很大差异，包括课程的种类、内容的广度，还有各种教学的类型上，都是中国的大学比较欠缺的。

- 老师是平等地和学生讨论。不是说老师说的就一定是对的，学生说的就一定是错的。很多情况下老师都非常愿意和学生讨论，因为老师想知道学生在想什么，思路是什么，思维方式是什么。在这样的前提下，交流、辩论或者争吵就是有产出的（Productive），大家都能够得到提升。

- 老师占有知识上面的优势，不代表他可以用这种优势来摧毁和剥夺学生的那种通过和老师讨论、争辩而得到提高的机会。

- 阅读是要从你个人的兴趣爱好出发，你可以读任何你喜欢的书，没有任何的限制。

- 读书最终的目的：一是要认识自己；二是要认清自己的同时，也认清人类社会。

- 我父母一直从物质、精神上支持我，真正尊重我的选择，这是父母对我的培养最重要的地方。

第十七章

特别访问：从中国大专到美国伯克利

——加州大学伯克利分校学生苏霄访谈录

即使是苏霄自己最初也没有想到，自己有朝一日会从一名中国的大专毕业生，转变为世界顶尖名校加州大学伯克利分校的本科学子。小学、初中一度学业优秀的苏霄，因学业挑战转而沉迷电脑游戏，因沉迷电脑游戏而加剧成绩下滑，最后高考失利，考上了一所普通的大专。毕业后，他成为一名淘宝店主，温饱有余，同时体会了工作的艰辛，开始不甘堕落，开始奋发向上，开始寻找人生新的突破。因为一个偶然的机会，他听说了可以先读美国的社区学院，再转学到加州伯克利这样的“曲线救国”之路，于夜航中遥遥望见灯塔。他如何通过一段偶然听来的对话，几乎根本性地改变自己的人生？

罗金洲：你这次转学一共申请了哪几所学校呢？

苏霄：我申请了加州大学洛杉矶分校、伯克利分校、圣地亚哥分校、欧文分校、戴维斯分校和圣巴巴拉分校。现在我已经录取到了伯克利。

罗金洲：你们学校这一届毕业生中申请到加州大学伯克利或洛杉矶这样的名校的学生大概有多少名？

苏霄：我们Diablo Valley College（DVC）今年毕业1000多名学生，其中转到伯克利的学生一共有120多名吧。我们学校是加州最大的社区学院。转到伯克利的学生人数在加州的社区学院里一直是第一。我们每年转到UCLA（加州大学洛杉矶分校）的学生更多。

我今年在DVC拿的是副学士学位。但我从伯克利毕业后，我最终拿的本科文凭是伯克利的。将来能转学到伯克利是最初吸引我选择先去社区学院学习的主要原因。

以我当时的高中成绩想申请伯克利是几乎没有希望的。我在国内的时候，偶然听到我一个同学的叔叔介绍这个同学去美国读社区大学，说将来可以转学到加州伯克利。我心里一动，于是在网上联系了一些人，问是不是真的可以从社区学院转学到加州伯克利，得到的答案是肯定的。经过各方面的调查和思考，最终我决定去申请这所学校。去DVC的目的也是想转学，想冲伯克利，第二选择是UCLA。

我们学校和加州大学戴维斯分校有个协议，只要在我们学校GPA达到3.0以上并达到这个专业的所有修课的要求，申请加州戴维斯一般会录取。GPA 3.0其实是一个很低的标准。而且社区大学学费比综合性大学便宜很多。我刚去的时候我们学校中国人很少，但等我毕业的时候中国人越来越多了，已经越来越多的人知道了这条“捷径”。

罗金洲：你大概是什么时候收到录取信的呢？

苏霄：我收到的第一封录取信是加州大学戴维斯的，当时是在3月份。我和别人的反应真的不一样，别人要是被录取了肯定特别开心，但是我的反应就很平淡，或者很欣慰，因为我知道我会被录取，包括加州伯克利。

罗金洲：为什么对申请到伯克利这么有信心呢？

苏霄：我为了转学做了非常细致、透彻的准备工作，我已经针对它的录取标准尽了全力了，我觉得它没有理由不录取我。如果它不录取我，那我觉得就不是我的错，它不录取我也没有办法。

罗金洲：一切尽在掌握。

苏霄：多问多了解，这对申请还是很关键的。

罗金洲：你觉得在DVC的两年里，他们的教学带给你的收获主要有哪些？DVC的教学和国内大学有哪些差异？

苏霄：它的教育制度是非常灵活自主的。选课就好像你去饭店点菜一样，可以任意点菜，在DVC完成60个学分就可以转学。这60个学分我可以任意搭配，有几百上千种课程给我选择。DVC不同于我原来在国内的教学——大家都学一样的课程，跟一样的老师，考一样的试卷，写一样的作业。相反，DVC在意每个人的差异性和个性化，每个人根据自己的兴趣去选课。这种自我设计课程组合的模式，让我增长了经验，锻炼了我的决策能力。就像前面为了弄清到底应该选择去伯克利还是UCLA，我到处问老师问朋友，甚至打电话到这些大学去问。在这里没人会教你怎么做，你需要自己走出一条路来。

在美国大学的前两年，我们大部分都在学公共基础课。不论文科生理科生，都要学习很多哲学、写作等等方面的课，光是人文社科类就有几十种课供你选择。老师上课时绝不灌输，而是和你平等交流，激发你的学习兴趣。而不是强迫你学好这门课。学习也靠自觉，老师和学生都不强调分数，不公开宣布分数，最多就是老师在黑板上写这次拿A的有多少人，拿B的有多少人，从来不进行班级考试排名。我从来不知道班上学习最好的学生是谁。上课的积极性和考试分数也不具有必然关系，上课最爱问问题的学生未必就是学习最好的学生。老师上课时鼓励你问问题，带着问题去学习。

中美教学方面的差异太大了。我在国内是一个普通的两年制大专毕业生，按国内的评价标准算是一个差学生。我万万没有想到，有一天我能进入伯克利这样的世界名校。这在中国绝对是不可能的。这就是美国的教育制度——你只要肯努力，它就愿意接受你，给你进步的机会，给你进步的空间。它不那么看你的过去，它更看你的现在和未来。在美国，转学是很常见的，从差的学校转到好的学校，从好的学校转到更好的学校。我的一个同学就转学到哈佛去了。美国的教育制度给每个人的机会更多。在这里，教育是终生的，学校随时随地为你敞开大门。

我在美国最大的收获是自立。有一次圣诞节过后的寒假，我生病了，高烧39度多，宿舍里只有我一个人，父母不在身边，没有人照顾我，我只能自己照顾自己。不同于某些家长的臆想，孩子学习不好送到美国来学习就怎么怎么好了。美国的教育强调的是学生得靠自己，学生得自立自强，如果来美国还是一样爱玩，一样学习不好。美国给我上了很深刻的一课。

罗金洲：在这种更少管控的自由里，怎么样安排自己的学业、生活，达成自己的目标，其实也是很难的。

苏霄：在这里，学习像拼图和积木一样，你可以自己搭盖自己想要的样子。在中国，很多人不知道自己选的专业要学什么，为什么要选这个专业，糊里糊涂就选了，选好了以后也很难再更改。但美国的大学给你两年的时间去考虑，根据自己的兴趣选择专业，选得不合适还可以再换专业。你可以主修一个专业，辅修另一个专业，可以取消原来主修专业，换辅修为主修，这些都由你自己灵活把握。

但是中国的教育思想是让你去服从，不是去挑战。我一个同学成绩够了却不去伯克利，只去了加州的另一所州立大学，只是因为他喜欢而已。在中国的选择却往往是因为功利，大家主要考虑名声、就业、待遇、薪酬。

罗金洲：你到DVC就是为了冲击伯克利，那到了DVC之后你为此做了哪些准备呢？

苏霄：我做的准备其实有三大块。第一是学习上的准备，因为伯克利非常注重申请人的学习成绩，所以我的学习成绩当然是越高越好。但是在美国大学拿高分也不是一件简单的事情。要学好的话你要看你怎么搭配：你一个星期能上多少门课，你选的老师是否严格，这门课难不难。比如同样上一门英语课，有的老师要求非常严格，作业特别多，而且还不容易给高分；有的老师就要求简单一些，所以选课是需要技巧的。我很用心地组合了我的课程，所以最后我的GPA是4.0，而且每门课都是A，这真的是非常不容易的。

第二个是课外活动方面的准备。因为我知道美国大学肯定是不只看学习成绩，还要看课外活动。所以在DVC的第一学期我参加了学校学生会工作，第二学期我自己创建了一个社团，叫“Bank of Help”（提供帮助的“银行”）。我创建的这个社团功能相当于“百度知道”，提供一个网上平台，学生们在上面可以相互之间帮忙，帮助到别人的人可以获得积分。

此外，我参加了DVC学生会下属的“财政部”，在里面做了一些工作。我还参加了学校的红十字会。另外我还做了一些志愿者服务，比如美国的老兵来我们学校开会，我去为他们服务。我还去打工，做过关于从中国进口T恤衫的市场调查。我还做过为新生接机，带刚来的学生帮他们找房子呀，等等。

罗金洲：你是在什么情况下想要创建Bank of Help的呢？运转情况怎么样？

苏霄：我是在2009年的秋天创建Bank of Help的。其实创建这个社团有两个目的，一个是我以后想把这个网站做成一个商业化的网站，因为我知道有“百度知道”和“QQ问问”，大家都在那里提问题，我就想我们学生之间有没有一个平台可以互相提供一些实质性的帮助，比如说我给你做家教呀，为你接机呀。当时的用户都是我们的学生。另一个是组建一个社团确实对我申请转学有帮助，对我们整个社团的成员的申请也都有帮助。

网站怎么运作呢？比如我可以在这个网站发一条求助信息，我要找人接机，有人就会接这个单；我也可以在上面找家教，或者问一些学习上、生活上的问题，你帮我这个忙我就给你多少积分，比如说50个积分，那你帮我做完了之后，我就把积分给你。有了这些积分你可以换取别人帮忙，或者换取我们整个团队帮忙，或者积分兑奖品等等。

罗金洲：那么第三方面的准备是？

苏霄：**第三方面是要知己知彼，你要了解转学的程序、大学的招生政策，和已经成功转学的同学做交流，吸取他们成功的经验。**比如我申请之前就跟伯克利来往特别密切，我跟他们招生处的一个高级顾问一直在谈，我问他我以前在国内读过大专这对转学会不会有什么负面影响？就这么和他聊上了，包括我想学的专业，我都已经确定好了，环境经济学与政策。我当时找了伯克利的这方面的教授，教授又介绍了几个博士生跟我聊。因为像我们国际学生到国外的话，没有人来主动帮你，**你就要主动去交流，不耻上问，不耻中问，不耻下问。**有的美国人会嫌你烦，但是没办法，我不问的话，那我就不知道呀！问是我唯一的办法。

罗金洲：在参加这么多活动的情况下还能拿60个学分的全A，真的很不容易。

苏霄：主要是要协调好时间。听课的时候要好好听课。美国这边会有很多阅读，还有报告、实验等等。比如说有时候我们上生物课，老师和你一起去博物馆，去观察生物，然后写一篇报告。我们化学课要去实验室做实验。我上过一门心理学的课，老师说："如果你要拿我的附加分，要去听我的讲座，10个讲座，每个1附加分。"你要关注时事，老师每天上课都会问你一些问题，就比如会问你今天发生了什么经济新闻呀等等，当然这些都能促进你的综合能力的提高。总体来说，美国评估体系是比较灵活的，不止考试这一种。

美国的教育和中国的教育差异是非常非常大的。自己只听别人说是一部分，如果自己亲身感受到，那又是一番不同的认识。我觉得美国教育特别适合于人的发展，是非常科学的。它灵活，不拘泥于形式，不受政治因素或者传统思想的影响，确实是很科学，很符合人性的。我希望我们中国以后能向美国这方面学习。中国人的特点就是特别的勤奋刻苦，如果中国再学习到美国的这种创新和独立思考能力，我觉得以后肯定在人才的竞争上优势更大。而且现在出国留学的人越来越多，这就带来了中国人才流失的危机。我觉得以后咱们的国家要想发展好的话，就是制度一定要好，用制度把人才都吸引回来。

罗金洲：你是一个有心人。虽然在中国发展得不是很顺利，但是在美国，你知道自己的目标是什么，要经过几个阶段去实现它，你执行得很好。

苏霄：我觉得来美国读书就像做一个企业——我制定一个战略，制定出方案，这些方案我要从哪几个方向入手，学业上面怎么做？课外活动上面怎么做？和学校的交流上面怎么做？我在DVC每个学期都有每个学期的计划。但我在国内上大专没有考虑这些。

罗金洲：你申请加州大学的文书是怎么写的呢？

苏霄：我写了为什么要选这个专业。我当时写的是有关环境经济学的，因为当时主要申请的就是伯克利嘛，所以我决定要写环境经济学，而且我想以后从事商业部门的环境经济学，这和我其他学校申请的商科和经济学都是有关的。当时我写的第一个就是，我从中国来到美国，发现美国的环境确实是非常好，我想到现在国内环境污染比较严重，这可能就是人类经济的发展造成的。为什么经济和环境不能协调发展？我想通过以后这方面的学习，能想得出好的方法，使得这两方面能够协调发展，使得中国的环境更加美丽，更加清洁，大概的内容就是这样。

第二篇写的是个人成长历程。我觉得我第二篇写得特别好，因为我的经历比较丰富嘛。我算是一波三折。**我最大的特点就是有创新，还有适应性**。我写了人生的三个阶段。第一个阶段是中学的时候，当时我是国内典型的好学生，我小学和初中考的都是当地最好的学校，然后又保送到当地最好的高中，我没有参加中考，一路都很顺利，然后到了高中我发现中国的这种教育并不适合我，那怎么办？我陷入一种比较烦躁的状态，郁闷、抑郁，我开始沉迷于玩电脑，导致我最后的高考没有考好。我的第一个转折就在这里：从一个好学生转到一个差学生。

第二个转折是大专毕业了之后开始工作，接触到社会。工作了一年，知道了工作的艰辛，精神又开始积极向上了，有一种不甘堕落的心情。第二个转折是恢复了上进心。

第三个转折就是我做生意做了一年多，还能赚到钱，但是我觉得我总不能一辈子就做这种小生意，所以我只能继续深造，最后就想到了去美国，因为美国是世界上教育最发达的国家。赴美求学之路就是我的第三个转折。这一系列的转折不仅能体现出我的意志，我的个性也体现出来了。

我觉得这些文章真的是要有经历、有亲身的感受才能写好。因为，我知道我确实这一路走得挺艰难的。我写的时候过去的经历历历在目，那时候做生意有多么艰辛，我是怎么一步一步努力的这样子。

罗金洲：你那时候是做什么生意的？

苏霄：刚开始做批发，然后做淘宝，开了个店铺卖鞋子，我当时还雇了两个员工。

罗金洲：你是在什么情境下陷入打游戏的？

苏霄：我觉得我不适合于中国教育。我小学时候学习特别好，学习能力特别强。后来初中我就打游戏，到高中就开始拔不出来了，一直在打，后面又开始厌学。我小时候可以管得住自己，长大了开始叛逆，特别到了高中之后有一些自己的叛逆的思想，又有压力自己又想反抗，在挣扎，结果从好学生变成差学生。这种落差是非常痛苦的，我当时差点就抑郁了，有好半年天天都睡不好觉，失眠。我和那些好的学生站在一起，我就觉得不好意思。

我找不到学习的乐趣，我也不知道到底学了干吗，再加上当时外界又有一些诱惑，如果当时有让我觉得更有乐趣的东西，那我肯定不会沉迷于电子游戏了。沉迷电子游戏就是因为空虚，因为它能在很短的时间内不断升级，不断带给你一种成就感，这种感觉在学习上面很难得到。

罗金洲：你是如何恢复到上进的状态的呢？

苏霄：大专快毕业的时候我实习了，然后我就开始转变了，我知道要好好上进了，不玩游戏了，天天想的都是正事，然后慢慢地就越来越向上。

罗金洲：你现在在伯克利的专业确定了吗？

苏霄：已经确定了，我确定学环境经济学与政策，偏向新能源方面的。

罗金洲：你在DVC的时候有没有确定自己的专业呢？

苏霄：我在DVC的时候确定的是大方向。我以前对从商这方面特别有兴趣，去美国之前我就想肯定要学商科，以后再读个MBA，因为美国商业这么好。在DVC我上了经济学课，认识了一位经济学教授，受到他的启发，对经济学产生了浓厚的兴趣。这时我就想，我转学肯定要报经济学，其实其他大学我报的就是经济学，只有伯克利没有报经济学。我当时就看到伯克利有环境经济学与政策这个专业，我觉得特别新颖，而且以后环境肯定是大热门，再加上它又和经济学有密切的联系，我挣扎了很久，想得特别多，最终选择了申请伯克利的环境经济学与政策专业。

罗金洲：你在伯克利读完本科之后会有什么样的打算呢？

苏霄：我现在的打算其实有两条路：读研或者工作，但现在看来，应该读研的可能性比较大一些。我觉得我要是读研的话应该申请美国前20名的研究生学院，然后我会沿着我这个专业，找到一些课题研究下去。当然具体还要看以后的就业形势，为了以后找工作，为了有一个更好的前途做准备，打下基础。

我比同年级的学生年龄要大，因为我之前在国内的大专上了两年，后来我又打工了一年，创业了一年，一共就是4年的时间，所以我比现在同年级的学生其实要大了4岁左右。我也要想到以后结婚、照顾父母这些事，没有太多的时间去耗，这都是我现在要考虑的。

罗金洲：你觉得是哪些因素使你在竞争中胜出呢？

苏霄：首先，我觉得我的经历起了最大的作用。如果没有这份经历，我就没有这份决心和动力去做申请。我过去的经历就是我最初的驱动力。其次，我觉得充分准备也特别重要。第三，你要有自己的想法，知道自己要做什么，该怎么做，要尽量差异化，不要和别人都一样，要展现出自己的特色。

我经历过失败还有挫折。最严重的时候，在高考之前我还近乎抑郁，就是一想到要上学就头疼，后来我家人实在没有办法就带着我去找老师，说不要给我太大的压力。学校和家长的压力让我一进到学校头就疼，一出来就又好了。我知道我需要什么，我不想再经历失败。另外，在国外不学习的也大有人在，但是我在那种环境下，还是能静下心来学习，好好规划自己的生活。

我的失败一直在激励我。人都有疲劳的时候，都有想放弃的时候，但是我的失败和挫折，就像是一个闹钟一样在我脑袋里时不时响一下，激励我继续努力。

罗金洲：你把劣势转化成了优势，带给了你新的机会。

苏霄：我当时做出国留学这个决定是非常快的。我是2008年的8月份决定的，然后9月份开始做准备，到2009年的1月份已经在美国了。我在三个学期中，有两个学期早上8点钟都有课，一般我至少7点半就起来了。如果是9点、10点的课，我至少也8点多起，晚上休息的时间也是差不多12点左右。

罗金洲：在你的眼中你成功的标准是什么？

苏霄：在美国，考上一个好的大学，也算是成功，也有人会羡慕你，但不会说你这个人人生就成功了。如果只是纯粹的学习，甚至有的人是两耳不闻窗外事，一心只读圣贤书，我觉得以后他可能就是一个学习的机器。以后他怎样发展，还真不好说。

我觉得每个人对成功的定义不一样，有些人的成功，他们觉得我要在世界上或者要在中国出名，有些人是想我要在我身边的这个圈子里面比其他人成功，比其他人有钱，日子比其他人过得好这就叫成功，有人可能觉得我家庭幸福美满，那也叫成功，每个人的成功的概念不一样。我觉得成功是不一定要用金钱来衡量的。我觉得成功就是你做成一番事业：对于一个商人，衡量你成功的标准就是你的财富是多少；对于一个学者，衡量你成功的标准就是你发表的论文，你的研究成果有多少；对于一个画家，衡量你成功的标准就是你的作品的水准。这些人他们的财富都不是在一个等级上的，但是他们只要在自己的领域里做出成果那都算是成功。

拾贝

- 自我设计课程组合的模式，让学生增长了经验，锻炼了决策能力。

- 你只要肯努力，美国大学就愿意接受你，给你进步的机会，给你进步的空间。

- 美国的教育强调的是学生得靠自己，学生得自立自强。

- 要知己知彼，你要了解转学的程序、大学的招生政策，和已经成功转学的同学做交流，吸取他们成功的经验。

- 以后咱们的国家要想发展好的话，就是制度一定要好，用制度把人才都吸引回来。

- 我觉得来美国读书就像做一个企业——我制定一个战略，制定出方案，这些方案我要从哪几个方向入手？学业上面怎么做？课外活动上面怎么做？和学校的交流上面怎么做？

- 你要有自己的想法，知道自己要做什么，该怎么做，要尽量差异化，不要和别人都一样，要展现出自己的特色。

- 我的失败一直在激励我。人都有疲劳的时候，都有想放弃的时候，但是我的失败和挫折，就像是一个闹钟一样在我脑袋里时不时响一下，激励我继续努力。

致谢

本书得以付梓，凝聚了很多人的心血和帮助。

感谢北京外国语大学毕业生王诗语和外交学院毕业生陈妍羽。

感谢我的每一位采访对象，真诚、坦率地分享自己的心得、感悟和经历。感谢中国财政经济出版社黄琦先生和郁东敏女士对本书出版的大力支持。

感谢唐健铭先生对本书写作的宝贵意见和大力支持。

感谢吕资慧女士对本书的关心和支持。

感谢丁伟先生和鲁曼女士在本书写作过程中的关心和帮助。

感谢王育荣、熊泽薇、刘蒙蒙、王萌、许红立、王薇、李妍、孙婧、姜琳、钟艺、杜兵、陆琪、王辉、覃星星、罗振邕、鲁嘉禹、刘逸帆对本书写作的帮助和支持。